CONTOS CRIOULOS DA BAHIA

Dados Internacionais de Catalogação na Publicação (CIP)(Câmara Brasileira do Livro, SP, Brasil)

Contos crioulos da Bahia / narrados por mestre Didi (Deoscóredes Maximiliano dos Santos) ; prefácios de Marcos Cajé e Muniz Sodré ; introdução de Juana Elbein. – 1. ed. – Petrópolis, RJ : Vozes, 2023.

Bibliografia.

1ª reimpressão, 2024.

ISBN 978-65-5713-882-3

1. Contos brasileiros I. Santos, Deoscóredes Maximiliano dos. II. Cajé, Marcos. III. Sodré, Muniz. IV. Elbein, Juana.

22-140243   CDD-B869.3

Índices para catálogo sistemático:
1. Contos : Literatura brasileira B869.3
Aline Graziele Benitez – Bibliotecária – CRB-1/3129

CONTOS CRIOULOS DA BAHIA

Narrados por

Mestre Didi

Prefácios de Muniz Sodré e Marcos Cajé
Introdução de Juana Elbein

EDITORA VOZES

Petrópolis

© 2023, Editora Vozes Ltda.
Rua Frei Luís, 100
25689-900 Petrópolis, RJ
www.vozes.com.br
Brasil

Todos os direitos reservados. Nenhuma parte desta obra poderá ser reproduzida ou transmitida por qualquer forma e/ou quaisquer meios (eletrônico ou mecânico, incluindo fotocópia e gravação) ou arquivada em qualquer sistema ou banco de dados sem permissão escrita da editora.

CONSELHO EDITORIAL

Diretor
Volney J. Berkenbrock

Editores
Aline dos Santos Carneiro
Edrian Josué Pasini
Marilac Loraine Oleniki
Welder Lancieri Marchini

Conselheiros
Elói Dionísio Piva
Francisco Morás
Gilberto Gonçalves Garcia
Ludovico Garmus
Teobaldo Heidemann

Secretário executivo
Leonardo A.R.T. dos Santos

Editoração: Natália Machado
Diagramação: Sheilandre Desenv. Gráfico
Revisão gráfica: Lorena Delduca Herédias
Capa: Érico Lebedenco
Ilustração de capa: Studio Graph-it

ISBN 978-65-5713-882-3

Este livro foi composto e impresso pela Editora Vozes Ltda.

SUMÁRIO

Prefácio à primeira edição, 7

Prefácio à segunda edição, 13

Introdução, 15

O carpinteiro que perdeu o nariz, 29

A vingança de Exu, 35

Obaluwaiyê, o dono da peste, 41

Ossanyin, o aleijadinho, 47

O negrinho escravo, 53

A fuga do tio Ajayí, 57

A viagem dos babalawo, 63

O risco da morte, 67

O neguinho Ogundeyí, 71

O descrente da encarnação, 77

A abelhuda, 83

Tinô e o Tato, 87

A idiota, 91

O equívoco, 97

O Beira-Mar, 101

Alawô, o endiabrado, 105

A inveja, 109

O caçador e a caipora, 113

A cobra encantada, 117

A grande vitória, 123

Okunrin-awô, 127

A alma de Satu, 141

PREFÁCIO À PRIMEIRA EDIÇÃO

Uma ciência não escapa à ideologia quando oblitera as condições de seu aparecimento ou de sua produção. Um saber é engajadamente ideológico quando recalca não apenas as circunstâncias de sua produção, mas também todo e qualquer outro saber possível em torno de seu campo. Assim, o que dizer dos manuais de História do Brasil que passam por cima, atropeladamente, do Quilombo dos Palmares? O que dizer da literatura histórica brasileira que esquece o saber negro de nossa formação social?

São raros mesmo os que admitem a expressão *cultura afro-brasileira* fora da categoria *fol-*

clore brasileiro. E não faltam razões para isso, pois a cultura negra no Brasil se mantém, em grande parte, devido à sua possibilidade de se disfarçar e calar. Queremos dizer com isso que a cultura negra pôde sobreviver, escapar ao extermínio (o mesmo de que foram vítimas, fisicamente, os malês da primeira metade do século XIX), porque se guardou no recesso das comunidades religiosas (os *terreiros*), disfarçando-se quando queria, silenciando quando devia. A história da cultura afro-brasileira é principalmente a história de seu silêncio, das circunstâncias de sua repressão. A oralidade, percebe-se, é necessária não apenas à sua dinâmica interna, mas também a seu posicionamento de defesa diante da cultura dominante, o meio externo. Daí o primado da tradição que, num sistema de comunicação oral, é o meio de conservar o saber e transmiti-lo, no tempo, de uma geração para outra.

Deoscóredes Maximiliano dos Santos, o Mestre Didi de exposições e círculos intelectuais, foi *Asogbá* (chefe do culto de Obaluayé) do *Axé Opô Afonjá*, uma das mais importantes comunidades religioso-culturais negras do

Brasil. A importância de Didi reside principalmente em sua condição de porta-voz autorizado da tradição negra na Bahia, uma memória viva e atuante do passado afro-brasileiro. Didi descende de uma antiga linhagem de sacerdotes dos cultos de origem Ketu-Nagô no Brasil. Tendo alcançado ainda a convivência com africanos na Ilha de Itaparica, berço de muitos afro-baianos ilustres, foi iniciado aos 8 anos de idade no culto dos ancestrais – o culto do *Egun* – e aos 15 anos no culto dos orixás. Ainda adolescente, foi investido com vários títulos e funções na complexa hierarquia das duas comunidades religiosas. Afirmou-se, assim, como líder natural de sua comunidade. Em 1946, publicou um primeiro vocabulário ioruba-português, chamando a atenção sobre a existência e a persistência de utilização de uma língua africana como meio de identificação e comunicação de grupos afro-brasileiros concentrados nos *terreiros*.

Desde então, começou a publicar livros e ensaios sobre a cultura oral negra. A partir de 1965, deu início a uma série de exposições e programas audiovisuais com fotografias, músicas e conjuntos de objetos, visando destacar o seu significado utilitário e simbólico enquanto aspectos integrantes e reveladores de uma dada cosmovisão e estrutura sociocultural. De 1967 em diante, realizou repetidamente, a serviço da Unesco, pesquisas na África Ocidental, Nigéria e Daomé (hoje Benim), pontos especiais de origem do elemento afro-brasileiro de ascendência nagô. Suas monografias – produzidas em colaboração com a antropóloga Juana Elbein – analisam em profundidade aspectos variados do sistema religioso-cultural nagô. A importância da publicação destes *Contos crioulos da Bahia* poderá ser bem aferida ao se olhar com cuidado para a ideologia do negro brasileiro que parte predominantemente de coordenadas pelo discurso branco de dominação. Para ultrapassar as abstrações manejadas pela produção mistificada da consciência, o negro tem, é claro, de se situar corretamente no sistema social de classes, mas também de assumir seus outros aspectos reprimidos, tal como o da linha cultural afro-brasileira. Nela se encontram os elementos da identidade histórica do elemento negro no Brasil. Se o inconsciente é uma folha em branco, um capítulo censurado, o inconsciente histórico brasileiro deverá ser buscado principalmente nas regiões esquecidas da cultura negra.

Os mitos, as lendas, os contos populares, sempre foram vias de acesso ao inconsciente de um povo. Os contos de Didi constituem excelente fonte de estudos, porque apontam diretamente para o universo mítico da cultura afro-brasileira. Didi escreve como fala. Suas narrativas devem ser entendidas como *formas simples*, já que aqui a linguagem (ao contrário da forma do conto literário) se mantém móvel, geral, sempre aberta a uma nova narração individual e oral. Os contos crioulos, nos quais o sobrenatural se harmoniza maravilhosamente com o cotidiano, nos quais o maravilhoso é natural, são peças autênticas da tradição oral negra da Bahia. Num certo sentido, Didi e Jacob Grimm estão muito próximos.

Considerando o peso e a autenticidade da palavra de Didi, estes *Contos crioulos* valem sobretudo, além do fator estético, pela imensa informação que trazem. Certamente despertarão o interesse dos estudiosos de Antropologia, Comunicação e Letras. Mas a nossa firme esperança é de que venham a ser lidos por toda e qualquer pessoa interessada em cultura brasileira. Didi, minha gente, é tão autêntico quanto o jequitibá.

Muniz Sodré

PREFÁCIO À
SEGUNDA EDIÇÃO

Mestre Didi expressa profundamente a cada um de nós a força da narrativa ancestral, reproduz em nós a melhor das relações interpessoais que é reviver as memórias, afeto da ancestralidade.

O livro *Contos crioulos da Bahia* é uma ciranda de construções de saberes ancestrais e historiográficos. Deoscóredes Maximiliano dos Santos, o Mestre Didi, expressa em cada Itan o poder da cultura afrocentrada, ecoando, por meio da oralidade escrita, o poder da cultura nagô.

Mestre Didi, em sua magnitude literária, traz em cada conto uma possibilidade de existência da *persona* negra, faz o leitor reviver a riquíssima cultura nagô existente em cada linha, perpassando seus mitos e fábulas, construindo uma relação dinâmica com panteão nagô, também com o mundo psicológico, pedagógico e antropológico.

Salve! Mestre Didi, que transforma esses contos em narrativa afrofantástica. Nela, a *persona* negra tem um percurso traçado para uma abordagem homogênea a esse gênero. Isso acontece pelo entendimento dialético do real e do ficcional, uma vez que o termo nesse universo é fortalecer a *persona* negra como fonte viva de pertencimento, seja pela imaginação e criação ou pela interação social e histórica.

Salve, Mestre Didi, grandioso descende da família Asipa real de Ketu! Salve! Seu ori criador de odú nos possibilitou ler, aprender e sentir por meio de seus contos.

Marcos Cajé
Mestre em História da África da Diáspora e dos Povos Indígenas pela UFRB
Escritor de literatura preta infantojuvenil e literatura afrofantástica e pedagogo

INTRODUÇÃO

A EXPRESSÃO ORAL NA CULTURA NEGRO-AFRICANA E BRASILEIRA[1]

Uma fundamentação teórica sobre a importância de publicar livros como *Contos crioulos da Bahia* nos leva a examinar três aspectos básicos:

1) qual é o significado do oral, concretamente na cultura negro-africana e por extensão na afro-brasileira;

---

1 Esta introdução reproduz e resume algumas ideias já expostas na tese doutoral Os nagôs e a morte (1972, cap. 3), publicada na coleção "Mestrado" da Editora Vozes.

2) o que se compreende por literatura oral nagô;

3) qual é a validade de sua documentação escrita.

Para efeitos desta introdução, que se deseja breve, os três aspectos se complementam.

Desejamos, em outra oportunidade, proceder a uma análise formal detalhada destes contos, assim como de sua semelhança estrutural com seus congêneres em língua nagô ou ioruba[2]. Nossa intenção aqui não é de ordem estritamente literária. Limitar-nos-emos a assinalar características básicas da expressão oral no sistema nagô que estes contos ilustram tão bem.

Previamente, algumas informações que ajudarão a situar melhor nosso assunto. Os *Contos crioulos*, como os das coleções anteriores do mesmo autor, formam parte da cultura dos *terreiros* que envolvem descendentes de origem

2 Sobre os textos orais ioruba, pode-se consultar: E.L. LASE-BIKAN, "The tonal structure of Yoruba poetry", Presence Africaine, número especial, Paris, 1956; ULLIE BEIER, "Le sens historique et le sens psychologique du mythe yoruba", Presence Africaine, VIII, 1956; S.A. BABALOLA, The content and form of Yoruba Ijala. Londres: Oxford University Press, 1966.

nagô[3] em segunda, terceira, quarta e até quinta geração[4]. São histórias transmitidas de geração em geração, diretamente dos mais velhos aos mais jovens. Os *terreiros* nagô não são apenas comunidades religiosas; a prática litúrgica é o fator aglutinante e transmissor de uma riquíssima tradição. O *terreiro* veicula e recria por meio de suas atividades, não somente uma língua particular, como uma conformação hierárquica, uma morfologia social e individual baseada em uma maior ou menor absorção inicial de princípios e conhecimentos, concepções filosóficas e estéticas, formas alimentares, música, dança, uma língua ritual e, o que nos interessa, um patrimônio de mitos, lendas, refrões etc. Em ou-

---

3 Os nagô, que a moderna etnologia classifica como iorubas, ocupam até hoje uma vasta zona do sudoeste da Nigéria e do sul e centro do Benim. Sobre a origem dos nagô pode-se consultar: L.A. FADIPE, The sociology of Yoruba, Ibadan University Press, 1970; PAUL MERCIER, "Notice sur le peuplement Yoruba au Dahomey-Togo", Etudes Dahomèennes, IV, Porto Novo, 1950; D. FORDE, The Yoruba speaking peoples of South Western Nigeria, Londres, 1951; JUANA ELBEIN e DEOSCÓREDES M. DOS SANTOS, West African sacred: art and rituals in Brazil, Institute of African Studies, University of Ibadan, 1967.

4 Na realidade, mesmo os terreiros mais tradicionais de origem nagô reúnem também em sua comunidade descendentes miscigenados, a cultura nagô herdada dominando e estruturando o terreiro.

tras palavras, o *terreiro* é um núcleo e polo de irradiação de todo um complexo sistema cultural do qual suas manifestações de expressão oral constituem um de seus elementos, que deve ser compreendido em função do todo.

Já que se trata de cantigas, textos míticos, histórias de seres ou animais, naturais ou sobrenaturais, de acontecimentos que por sua carga fantástica ou excepcional se transformaram em lendas ou parábolas, todos eles explicitam um sistema, são instrumentos de comunicação e de ensinamento. Por meio de sua forma significante manifestada, transmitem uma complexa trama simbólica. Cantados, recitados ou dramatizados, eles reatualizam, por meio do rito ou da transmissão viva e participante, em um *aqui e agora*, fragmentos do mundo histórico, psicológico, étnico e cósmico nagô. Eles revivem e reforçam a existência de um sistema de conhecimentos e de relações.

Duas pessoas pelo menos são necessárias para a transmissão oral. O conhecimento passa diretamente de um ser para o outro, não por um raciocínio lógico, na esfera intelectual, senão pela transferência de um complexo código cujo mecanismo mais importante é a relação dinâmica.

A palavra proferida tem um poder de ação. A transmissão simbólica, a mensagem, se realiza conjuntamente com gestos, com movimentos corporais; a palavra é vivida, pronunciada, está carregada com modulação, com emoção, com a história pessoal, o poder e a experiência de quem a profere. A palavra transporta o alento – veículo existencial – e atinge os referentes e planos mais profundos da personalidade. Nesse contexto, a palavra ultrapassa seu conteúdo semântico racional para converter-se em um instrumento condutor de um poder de ação e de realização. A transmissão é uma técnica, um instrumento a serviço da estrutura dinâmica do sistema nagô.

A dinâmica do sistema necessita de um meio de comunicação que deve realizar-se constantemente. Cada palavra proferida é única. A palavra se renova, cada repetição é uma resultante única. A expressão oral renasce constantemente; é o produto de uma interação tanto na esfera social como na individual. No âmbito social, porque a palavra é pronunciada para ser escutada; ela emana de uma pessoa para atingir outras; ela comunica de boca a orelha a experiência de uma geração a outra. A palavra é a interação dinâmica no âmbito individual porque expressa e exterioriza um processo de síntese no que intervém todos os elementos que constituem um indivíduo. A palavra é importante na medida em que é som, que é pronunciada. A emissão do som é o ponto culminante de um processo de polarização interna. A palavra pronunciada implica sempre uma presença que se expressa, que trata de atingir um interlocutor. O som como meio de comunicação é fundamental no sistema nagô. Durante o ciclo de iniciação do principiante, *abrir a fala* facultará ao orixá-entidade sobrenatural, através da possessão, comunicar-se, transmitir sua mensagem e afirmar sua presença. O som como resultado de uma interação dinâmica aparece com todo o seu conteúdo simbólico nos instrumentos musicais ritualistas: atabaques, agogô, cabaças, campânulas etc. Os sons produzidos pelos instrumentos atuam sozinhos ou em conjunto com outros elementos. São invocadores formidáveis das entidades sobrenaturais; são indutores eficazes da ação, promovendo a comunicação entre o mundo natural e o mundo paralelo do além.

Toda formulação de som nasce como uma síntese, como um terceiro elemento provocado pela inter-relação ativa de dois tipos de elementos genitores: a baqueta ou a mão batendo sobre o couro do tambor, a vareta batendo sobre o corpo do agogô, o pêndulo batendo no interior da campânula, o ar-alento da respiração (emi, elemento masculino) vibrando nas cordas e nas cavidades laringe e boca (elementos femininos). O som é o resultado e está a serviço de uma estrutura dinâmica. A aparição do terceiro termo dá lugar ao movimento.

A característica mais importante do oral no sistema nagô é que o som, a palavra, é atuante. A palavra é atuante porque mobiliza. A forma adequada, pronunciada no momento preciso, induz a ação. A invocação se apoia no poder dinâmico do som. Os textos ritualísticos estão investidos desse poder. Recitados, cantados, acompanhados ou não de instrumentos musicais, eles transmitem um poder de ação, eles mobilizam seja a atividade ritualística, seja as relações do indivíduo ou do grupo com sua constelação de objetos internos e externos. A expressão oral está a serviço e é o resultado da própria estrutura do sistema nagô. Os textos são transmitidos sempre no âmbito das *relações interpessoais concretas.*

Os textos são transmitidos e apreendidos lentamente, por meio da convivência e da iniciação ritualística – a maior experiência ritualística, maior acumulação de conhecimentos, incluindo-se o conhecimento apropriado de invocações, cantigas, várias séries de textos, mitos e lendas. O conhecimento desses textos colabora na expressão do conhecimento universal dos nagô, cosmológico e teológico; sua total compreensão é possível se recolocado no sistema de relações dinâmicas.

Os textos têm uma finalidade e uma função. É a forma significante, a expressão estética, que empresta sua matéria para que o significado se revele e seja transmitido. Nas palavras do linguista Houis, "antes de serem formas de arte, [os textos] são formas que levam a carga de significar as múltiplas relações do homem com seu meio técnico e ético"[5].

Forma e finalidade estruturam os textos e permitem classificá-los. Escapa a nossos propósitos examinar os diversos estilos e gêneros e seus significados. Não obstante, queremos assinalar que a maior parte dos contos provém dos *itan*, histórias, também chamadas *ese*, dos textos oraculares do sistema Itá e, em particular no Brasil, do sistema *erindilogun*. Os textos se agrupam em 16 corpos ou "volumes" principais chamados *odú*, simbolicamente representados por uma configuração específica obtida ao lançar-se os 16 *cowries*, sementes ou elementos que os substituem. Ao consultar-se o oráculo, os *cowries* ou sementes, de acordo com o número de unidades que caem sobre o seu lado côncavo ou convexo, resultam em uma configuração-signo cujo significado-resposta é dado por meio de textos-parábolas. Cada *odú* principal tem 16 combinações possíveis com

5 M. HOUIS, "Literatture de style oral", Laróusse, vol. 2, 1972, p. 248.

os restantes 15 *odú*; independente desses 256 signos possíveis, cada uma delas ilustrando um determinado caso-exemplo.

Essas histórias são também conhecidas como os diversos "caminhos" de um *odú* e contêm uma fórmula, uma cantiga ou um conjunto de versos que em forma condensada, às vezes enigmática, manifestam o sentido de toda a história. O *ese* que se relata serve para desenvolver e aclarar esse sentido.

Desaparecido o nagô como língua de comunicação cotidiana, os contos são relatados em português, conservando-se em nagô a cantiga ou fórmula que os resume. Conservam-se os personagens, alguns nomes de lugares, linhagens, entidades sobrenaturais e, sobretudo, a estrutura e o conteúdo simbólico. Participam de um sistema de valores cujo significado profundo se mantém praticamente invariável qualquer que seja a variedade de signos ou formas que o manifesta.

Junto a essa inumerável quantidade de histórias, o *terreiro* preserva e reformula um riquíssimo patrimônio de invocações – os *ofo* e *ayajo*, fórmulas coadjuvantes de ação –, de saudações e nomes atributivos – os *oriki* em forma de palavra, frase ou poema –, de textos adequados para os ancestrais – os *iwin* – séries de cantigas para determinadas cerimônias – cantigas de *padé, axexé, xiré, abó* etc. – e toda classe de textos ligados à atividade ritualística, a acontecimentos excepcionais, a lendas e parábolas de outros sistemas culturais que readaptados e "reafricanizados" passaram a integrar o acervo.

A transmissão desse vastíssimo conhecimento se veicula através de uma complexa trama simbólica, da qual a expressão oral é um elemento. O princípio básico da comunicação é a *relação interpessoal.*

O conhecimento e a tradição não são armazenados, congelados em escritos e arquivos, senão permanentemente revividos e realimentados por meio da ação ritualística ou do relato dramatizado em grupo. Os arquivos são vivos, constituídos pelos indivíduos mais sábios de cada geração. É uma sabedoria "iniciática". A transmissão escrita vai contra a própria essência do verdadeiro conhecimento, adquirido na relação interpessoal concreta. É possível que esta modalidade haja contribuído para a inexistência de uma escrita de origem nagô. A introdução de uma comunicação escrita cria problemas que marcam e debilitam os próprios fundamentos das relações dinâmicas do sistema.

A cultura nagô, e isto provém de tudo que a antecede, não é uma cultura de dicotomias; não destrói ou disseca seus objetivos para estudá-los; rodeia-os, aborda-os por todos os ângulos possíveis, explica-os por parábolas, por analogias, por relações, funcionalmente. Daí a riqueza dos mitos, lendas e histórias. Daí o caráter altamente simbólico de seus elementos. A transmissão do conhecimento sendo inicial, no âmbito da vivência e da identificação, necessariamente se expressa por meio de formas altamente plásticas e dinâmicas. O elemento verbal da história, escrito, desprovido de som, de respiração, despojado da relação interpessoal, é apenas sua imagem mumificada.

Mas esses documentos, registros, permitem aos que por diversos motivos não participam ativamente da cultura informar-se de fontes primárias e tomar consciência da existência de um rico patrimônio que, de uma maneira mais ou menos intensa, constitui uma parte pouco conhecida ou reprimida do próprio conglomerado nacional.

Juana Elbein
Bahia, 24 de agosto de 1973

O CARPINTEIRO QUE PERDEU O NARIZ

Há muitos anos passados existiu um nego que era carpinteiro e também um bocado casquinha. Todos os dias ele saía para procurar trabalho e não conseguia quem lhe desse trabalho de jeito nenhum. Um dia, já bastante desiludido da vida, depois de ter falado muitas asneiras, ele foi se deitar pra dormir. Quando foi lá pra mais tarde da noite sonhou com um rapazola vestido com um calção preto, nu da cintura pra cima e com um gorro vermelho, dizendo que ia dar muitos trabalhos pra ele ganhar muito dinheiro. Mas que, quando ele terminasse o primeiro trabalho e recebesse o dinheiro, tinha de dar um grande presente pra Exu, fazendo um ebó (sacrifício) com os seguintes ingredientes: *akukó kan* (um galo), *igí mêjê* (sete pauzinhos), um pouco de *epô pupá* (azeite de dendê), sete *ekó* (acaçá), *itanā kan* (uma vela), *ixanā* (fósforos), *axá* (fumo picado) e *owô eiyó* (búzios da costa).

E quando tivesse com tudo isto pronto, arrumasse o carrego e fosse levar pra colocar em um lugar de mato fechado; em seguida passasse o galo no corpo, acendesse a vela, fizesse uma fogueira com os sete pedacinhos de pau e os fósforos; depois, matasse o galo e o colocasse em cima da fogueira, por cima do galo, colocasse também o azeite, o axá e, por último, os acaçás juntamente com os búzios da costa; chamando por Exu e fazendo a entrega do ebó pra agradecer pela melhora de vida que ia ter.

De manhã bem cedinho, quando o nego acordou, não acreditando no que tinha sonhado, disse um mucado de palavrão e coisas ruins; ainda mais quando ele se lembrava que se não fizesse o tal ebó, tinha que ficar sem o nariz. Em uma hora dessas ele ouviu baterem na porta e foi atender. Quando abriu a porta quase desmaiou, por ver um dos grandes senhores daquela terra procurando ele pra entregar a obra de um casarão que ia fazer.

Mesmo assim o nego conseguiu se aprumar e entrar em acerto com o dito senhor, conseguindo que a obra fosse entregue a ele por um preço bem vantajoso e com bastante tempo pra construir.

O nego deu dali, deu daqui, até que conseguiu entregar a obra uns quinze dias antes do tempo marcado. Por este motivo, o nego, além do dinheiro que tinha sido acertado para receber, ganhou um outro tanto por gratificação, ficando muito rico e acreditado por todos daquela terra. Todo mundo só queria fazer obras com ele. E o nego só trabalhando, só trabalhando. Largava uma obra e pegava outra, e nada de querer ou se lembrar de dar o presente de Exu. Os tempos foram se passando e um belo dia, quando o nego estava muito bem animado em uma das suas obras, lavrando um pau com a enxó, foi passando um rapazola conforme ele tinha visto no sonho, que perguntou pra ele:

– Ei, mestre! Você trabalhando com esta enxó aí assim, não corta o nariz não? – E foi andando.

O nego calado estava, calado ficou. Depois muito que o rapazola tinha passado, o nego parou, contemplou, e depois pegando a enxó, disse:

– Aquele moço está doido ou é maluco. Não sei como é que eu, trabalhando com esta enxó aqui, posso cortar o nariz assim. – E, fazendo menção com a enxó, cortou o nariz fora da cara.

Houve um grande alvoroço entre os trabalhadores da obra onde ele estava, ficando todo mundo atordoado sem saber o que podia fazer, até que, por fim, aparece o dito rapazola, conforme ele tinha sonhado, que apanhou o pedaço do nariz do nego e disse:

– Quem deve, paga. Por causa da sua casquinhagem e falta de fé foi que tudo isto aconteceu. Você não se lembra do sonho que teve quando vivia na miséria? Não se lembra que se não pagasse a dívida a Exu ia ficar sem o nariz? Pois bem, você tinha também um compromisso comigo, que pra lhe ajudar fiz o pedido a Exu. O pedido foi satisfeito e Exu esperou, esperou muito pelo presente. Não vendo aparecer resolveu cobrar diretamente, fazendo com que você cortasse o nariz. Agora eu vou cumprir com a minha palavra e você vai ficar sem o seu nariz, pra nunca mais se esquecer, enquanto vida tiver, de que quem deve a Deus paga ao Demônio.

A VINGANÇA DE EXU

Era uma vez um senhor, dono de um engenho, que tinha a maior criação de galinhas daquele lugar. De galo só existia um da terra, muito bonito, que era o pai do terreiro. Quando esse galo era pinto e só andava traquinando por dentro da casa do engenho, o senhor um dia bastante revoltado chamou ele de Exu e disse que de pinto ele só tinha a aparência. Exu, ouvindo aquilo, começou a agir, atuando sobre o pinto até quando se tornou galo, por vingança.

Um dos criados, que tomava conta do referido terreiro, botou o nome nesse galo de *Maioral*, porque todos os galos que apareciam ele perseguia até matar. A não ser quando alguém via e retirava do terreiro o galo intruso.

Aconteceu que depois de vários anos as galinhas do terreiro deixaram de dar a produção que eram acostumadas. O senhor de engenho, estranhando aquela diferença e julgando que os criados estivessem roubando ele, chamou o criado zelador do terreiro, procurando saber o que estava acontecendo e qual o motivo da produção do terreiro ter diminuído. O criado passou a contar toda a história do galo, porém o senhor não acreditou e disse pra ele:

– Pois bem. Aqui está este dinheiro, vá comprar um galo bem forte, que seja de raça boa, e solte no terreiro pra ficar junto com o *Maioral*, conforme você chama, porque eu quero ver com os meus próprios olhos o que vai acontecer.

O criado tomou o dinheiro e saiu à procura de quem tivesse um galo de raça que quisesse vender. Logo a primeira pessoa que ele encontrou estava com um galo de raça na mão, procurando a quem vender. Precisava arranjar dinheiro pra comprar alimentos pra família e a comida das criações que estavam quase pra morrer de fome. O criado imediatamente comprou o galo, voltou correndo pra prestar contas ao seu senhor e assistir uma grande briga de galos. Logo depois de ter prestado conta, e acompanhado pelo seu senhor, foi soltar o galo no terreiro. O galo, conforme já disse, era de raça. O criado soltou o galo e ficou de parte, juntamente com o seu senhor, para ver o que ia acontecer. Não esperaram muito. O *Maioral*, que estava muito calmo, ciscando embaixo de uma árvore que tinha no terreiro pra fazer sombra, de repente, cantou, bateu asas e investiu contra o galo de raça. Este, garbosamente confiado na sua força e desdenhando do *Maioral* por ser um galo terranço, estava pronto pra enfrentar e combater o inimigo. Começou a briga. Num abrir e fechar de olho, só tiveram tempo de ver o *Maioral* pegar o galo de raça pela crista e bater forte pela caixa dos peitos. O galo tonteou. Foi lá, veio cá e caiu.

Quando o *Maioral* viu o galo de raça cair no chão se batendo pra morrer, cantou:

– *Akukó mêji kósóró ni bôdi* (dois galos não cantam em um terreiro).

Assim acontecia com todos os galos que soltavam no terreiro. Um dia, o senhor, muito furioso pra se ver livre do galo por estar lhe dando muitos prejuízos, mandou o criado pegar o galo pra matar. Nesse dia o galo desapareceu, só vindo a aparecer no outro dia. E assim era sempre quando o senhor dava ordem a alguém ou ia pessoalmente pegar o *Maioral* pra matar. O senhor, um bocado intrigado com o caso do galo, perguntou pra o criado:

– Será que tem alguma coisa atuando sobre o *Maioral*?

O criado respondeu dizendo:

– Nõ sê nõ, iôiô. Só procurano saber.

Ele então deu um dinheiro ao criado e mandou que fosse procurar a casa de um *Oluwô* e mandou fazer a consulta. Quando o *Oluwô* terminou de consultar os seus Orixás disse pra o criado:

– Mê fi, diz a sê sinhô, ki u ki êci galú ten ni koripú é Exu. Pregunta a êli si num si lemba di ki galú kandú era pintú, ki pintava kumo tudo mininu pinta i ki êli dici uma vez pra pintú: Ocê é um Exu. Di galú ocê só ten u forimáto. Puriço, Exu dêxô pintú crêcê, agora fika périto di galú fazeno êci brinkadêra pra si vingá dêlê, pra ki êle nunka mai xamô pintú nem kôza niuma di Exu. Si êlê ké fazê ebó (sacrifício), pidindo peridão pra Exu, êli paga a nêgo, nêgo vai fazê trabaio, Exu peridôa, num atrapaia mai êli i galú vai fazê têrêru vóritá sê ki éra anti.

Daí o criado foi dar a resposta da consulta ao seu senhor. Esse, quando ficou sabendo o resultado da referida consulta, e que tudo combinava com o que ele tinha dito, com medo, e pra ficar bem com Exu, foi logo despachar o ebó correspondente pra amenizar a sua situação.

Tempos depois do nego ter despachado o ebó, o *Maioral* passou a se dar bem com todos os galos que apareciam no terreiro, normalizando toda a situação e dando uma grande e incalculável produção ao senhor dono do engenho.

Daquela data por diante, ele nunca mais disse más palavras para os pintos, e tinha muito cuidado quando repreendia uma criança.

OBALUWAIYÊ, O DONO DA PESTE

Em uma daquelas tribos lá da África, há uns novecentos anos passados, nasceu um menino, e os pais botaram o nome de Obaluwaiyê. Este menino foi crescendo, e quando já estava mais ou menos com uns catorze anos de idade, resolveu sair pelo mundo para conseguir bons trabalhos e ganhar muito dinheiro para ele e seus pais.

Um dia amanheceu já preparado, tomou a bênção aos pais e saiu pela porta afora, procurando um jeito de vida. Andou, andou, andou muito mesmo, até que por fim, depois de já ter passado por várias cidadezinhas, deu numa cidade muito grande e começou a procurar emprego. Porém ninguém quis lhe atender, e por se achar esfomeado resolveu bater na porta de uma casa grande e muito bonita também. Quando vieram atender, ele pediu uma esmola e, por resposta, fecharam a porta da casa e não lhe deram coisíssima nenhuma. Desiludido, continuou a andar, e um cachorro que estava deitado na dita porta acompanhou ele até quando chegaram numa mata virgem, onde ficaram comendo folhas e bichos de toda espécie. Obaluwaiyê por companhia naquela mata virgem só tinha o cachorro e as cobras que sempre estavam junto com ele. Mesmo assim, e com toda a fé que ele tinha em Olorum (Deus), não deixou de sofrer. Já estava com o corpo todo aberto em chagas, e o cachorro era quem cuidava, com sua própria língua, aliviando as dores e os sofrimentos. Obaluwaiyê já tinha perdido toda a esperança de vida e estava jogado entre as raízes dum pé de rôko (gameleira) esperando a morte. Foi quando ouviu uma voz dizer:

– Obaluwaiyê, levanta-te, já cumpriste a tua missão com os teus sofrimentos, agora vais aliviar os sofrimentos daqueles que reclamam por ti.

Quando ele deu cor de si e se levantou assustado, sentiu que estava mais forte e das chagas só tinha as marcas por todo o corpo. Ele aí se ajoelhou, deu graças a Olorum, e pediu para que lhe desse o direito e a virtude de poder cumprir aquela missão de acordo com a ordem que tinha recebido; e assim, com um pedaço de pau, espécie de um cajado, umas cabaças onde carregava água e remédios, e com o seu cachorrinho, começou a viagem de volta para a tribo de seus pais. Nessa ocasião, em várias tribos de lugares diferentes, estava assolando uma grande e desconhecida peste, e também morrendo gente mesmo que formiga.

Os pais de Obaluwaiyê, antes de ficarem doentes, foram à casa de um Oluwô (olhador) fazer uma consulta sobre aquela calamidade que estava acontecendo. Então o Oluwô disse que tudo aquilo tinha fim e que a peste ia ser sanada em todo o mundo. A demora só era Obaluwaiyê voltar da sua grande viagem. Os pais de Obaluwaiyê ficaram bastante satisfeitos por saberem que seu filho ainda existia, e a notícia foi espalhada.

Todos estavam à sua espera, mesmo sem conhecer e sem saber que Obaluwaiyê era aquele pobre mendigo que já tinha passado por todas aquelas cidades pedindo emprego e implorando uma esmolinha sem nunca ter sido atendido. Dito e feito, Obaluwaiyê passou pela última cidade que foi a primeira em que lhe negaram emprego. Se dirigiu para a casa onde lhe bateram a porta na cara negando uma esmola e pediu agasalho. Desta vez ele foi mais feliz. Não teve nem quem viesse atender. Devido ao estado de saúde que todos do lugar se encontravam, as casas amanheciam e anoiteciam com as portas já abertas. Logo que Obaluwaiyê entrou nessa casa aconteceu um dos mais verdadeiros milagres. Todas as pessoas que estavam doentes imediatamente levantaram da cama já curadas. Reconhecendo Obaluwaiyê, foram caindo a seus pés pedindo perdão do que tinham feito. Ele, com toda a paciência, perdoava e dizia:

– Agora cada um de vocês tem de ir ver uma folha perêgum, pintar com efum osum e uáje (ingredientes africanos) e em seguida apregar a folha na casa de cada um para que Olorum tenha compaixão dos moradores desta cidade e isole todo o mal que recaiu sobre vocês.

Imediatamente foi tudo feito conforme determinação de Obaluwaiyê. A cidade se normalizou, voltando a funcionar conforme antes da peste ter caído sobre ela. Na tribo de Obaluwaiyê já sabiam de tudo, porque a fama corria longe. Estavam bastante agoniados porque ele demorava de chegar. Um dia de segunda-feira, quando menos esperavam, Obaluwaiyê chegou na tribo de seus pais. Só por saberem que ele tinha chegado, todos os doentes da peste se levantaram já curados. Foram com os seus próprios pés à entrada da tribo esperar Obaluwaiyê com uma grande manifestação. Daí por diante nunca mais teve uma epidemia tão grande e que durasse tanto tempo. Obaluwaiyê ficou na terra para cumprir com a determinação daquela voz que ele ouviu, que foi a voz de Olorum (a voz de Deus).

Por este motivo todos dizem e têm a impressão de que Obaluwaiyê é um Orixá (santo) vivo, e é o verdadeiro dono da terra e de toda qualidade de peste deste mundo.

OSSANYIN, O ALEIJADINHO

Havia em uma tribo africana um rei que tinha três filhas. Uma se chamava Aiyó Delê (Alegria Chegou em Casa), a segunda Omi Delê (Água Chegou em Casa) e a terceira Onã Inã (Caminho do Fogo). As moças já estavam com idade de se casarem. Elas tinham muitos pretendentes, mas todos eram ambiciosos. Quem casasse com a filha de um rei era príncipe e, mais tarde, seria rei, conforme a lei daquele povo, porque uma mulher não podia sentar no trono.

O rei vivia muito preocupado, porque tinha que dar a mão de uma das suas filhas em casamento e não via a quem. Então, um dia ele resolveu dar a mão da filha mais velha ao candidato que adivinhasse o nome das três. Apareceram muitos candidatos, mas nenhum deles adivinhou o nome das moças.

Já passavam três anos quando apareceu nessa tribo um rapaz por nome Ossanyin, mas o pessoal só chamava ele de *Aleijadinho*, devido a só ter uma perna.

Um dia ele estava na porta da casa onde tinha se hospedado, quando viu passar três moças muito bonitas e muito bem-feitas. Gostou logo da mais velha e perguntou à dona da casa quem eram aquelas moças. Ela então passou a contar a história toda, e terminou dizendo que naquele dia mesmo completava três anos e nenhum candidato tinha adivinhado o nome de nenhuma delas. Ossanyin, o Aleijadinho, depois que ouviu tudo direitinho se encaminhou para o palácio, pediu audiência e disse ao rei que estava disposto a adivinhar o nome das três filhas dele. Como já tinham se apresentado candidatos de tudo quanto foi lugar, e nenhum tinha acertado, o rei disse a Ossanyin

48

que dava o trono e toda a sua riqueza se ele dissesse o nome de suas três filhas no prazo de três dias. Caso contrário, só tinha pra ele a forca por recompensa.

Ossanyin saiu passeando em volta do palácio e viu um grande pé de obi (noz-de-cola) que ficava em um bosque no fundo mesmo. Subiu na árvore e, quando estava lá em cima, observou que ali era justamente o lugar onde as princesinhas brincavam. Quando elas estavam reunidas, ele cantou de cima da árvore:

Enyin kekerê êê
Só fun mi ni
Orukó ré ni ô

(Vocês, meninas, me digam o nome que vocês têm.)

Elas ficaram abismadas, pensando que era a árvore mesma que tinha cantado pra elas. Ele então, aproveitando a situação, disse que era o Deus da Árvore e tinha presentes pra elas. Ia jogar lá de cima e que elas fossem apanhando pela ordem e dizendo o nome. Elas ficaram esperando. Ele jogou um obi, a mais velha apanhou, e disse que se chamava Aiyó Delê; ele jogou outro, a do meio apanhou e disse que se chamava Omi Delê; ele aí jogou o último, que a caçula apanhou e disse que se chamava Onã Inã.

Assim, Ossanyin ficou sabendo, desde o primeiro dia, como era o nome das três filhas do rei. Depois que elas acabaram de comer os obis, se despediram do Rei da Árvore e foram embora. Ossanyin desceu e foi descansar na casa onde estava morando. No outro dia, ele saiu por ali passeando, despreocupado como se não houvesse nada a fazer, e todo o mundo, por onde ele passava, ficava com pena. Diziam:

– Coitado! É pena um rapaz como aquele, tão bonito e com aquele defeito na perna, ter que morrer enforcado.

E assim completou o terceiro dia. Ossanyin se preparou todo muito bem arrumado, e se apresentou no palácio na hora e dentro do prazo determinado pelo rei, para adivinhar o nome das princesas. Já estavam todos da corte reunidos pra ver o fracasso de Ossanyin, porém as coisas mudaram completamente de sentido.

Ficaram todos de boca aberta, inclusive o rei, na hora que Ossanyin disse:

– Rei, meu sinhô, é com o vosso consentimento que tomo a liberdade de dizer em público o nome das suas queridas filhas, começando pela mais velha, que se chama Aiyó Delê, a segunda Omi Delê e a caçula e última que se chama Onã Inã.

Imediatamente, ali mesmo na presença de todos, o rei entregou a Ossanyin a mão de sua filha mais velha. Logo foi realizado o casamento, ficando o palácio em festas durante três dias, sendo Ossanyin cumprimentado e saudado por todos daquela redondeza que queriam conhecer o novo e futuro rei.

O NEGRINHO ESCRAVO

Um pobre e pequeno negrinho era escravo de um rico e avaro fazendeiro. Este fazendeiro tinha um filho que era tão malvado quanto ele, porque maltratavam muito o negrinho; davam trabalhos que só um homem podia fazer e deixavam o pobre negrinho com fome, martirizando-o bastante.

Um dia encarregaram o negrinho de vaquear umas novilhas. O negrinho, cansado de tanto trabalhar, adormeceu no campo enquanto as novilhas pastavam. Os ladrões aproveitaram, fazendo estourar a boiada, e o pequeno vaqueiro se perdeu do gado. Por isso ele foi pisado e espancado pelo fazendeiro, e mandado a procurar o perdido.

Sua madrinha, Nossa Senhora, foi quem lhe valeu, restituindo-lhe todo o gado. Mas o filho do fazendeiro, perverso, enxotou de novo as novilhas para bem longe, e o negrinho perdeu novamente o guardado.

O fazendeiro, quando procurou saber do negrinho pelas novilhas, ele disse que não sabia onde estavam. O fazendeiro, louco de raiva, retalhou o negrinho com um chicote e jogou-o como uma posta de sangue dentro de um formigueiro.

Passaram-se dois dias e duas noites. Na manhã do terceiro dia, o ordinário do fazendeiro, passando por perto do formigueiro onde tinha jogado o negrinho, foi dar uma espiada para ver como ele estava. Quase desmaiou quando viu o pobre negrinho vivo, de pé, lindo e sereno saindo de dentro do formigueiro e se encaminhando para a mata com a sua madrinha, Nossa Senhora, que o abençoava.

Diz o povo que esse negrinho até hoje ainda existe por aí, pelos campos e caatingas. Uns dizem que ele se transformou no Saci, outros dizem que é a Caipora, e ainda têm muitas pessoas que julgam ser ele um anjo bom e generoso, porque é quem ajuda a achar e descobrir os animais e objetos perdidos nas matas.

E assim o pobre negrinho paga depois de morto, beneficiando os outros, o que sofreu durante toda sua vida.

A FUGA DO TIO AJAYÍ

No tempo da escravidão, quando os senhores não queriam e proibiam que os negros venerassem os seus orixás, um tio da Costa, chamado Ajayí, ajuntou um bocado de escravos igual a ele e incentivou a fazerem uma obrigação para um dos orixás que eles adoravam.

Todos os escravos da casa e da redondeza de onde morava tio Ajayí ficaram muito contentes com a ideia. Escolheram um lugar bem reservado no mato da fazenda, fizeram um terreiro adequado para a dita obrigação, ornamentaram tudo bem direitinho, conseguiram arranjar alguns animais de dois e de quatro pés, e todas as outras coisas precisas para fazer os preceitos conforme o ritual. Quando estava tudo pronto começaram a fazer as obrigações para o orixá, que duraram três dias, com todo o preceito e sem nada de anormal ter acontecido. Tio Ajayí, bem animado com o resultado obtido durante aqueles três dias, entendeu que devia prolongar a festa por mais um dia. Aconteceu que dentro desses três dias, o senhor, dono daquela fazenda, já tinha desconfiado que estava existindo qualquer coisa fora do comum entre os negros. Por isso chamou um de seus escravos prediletos, mandando ir espiar o que estava acontecendo. O escravo, depois de ouvir o seu patrão, saiu e se juntou aos outros escravos. Devido à satisfação e ao contentamento que estava existindo entre eles, não presenciaram a aproximação do escravo espião. O dito escravo, depois de ter presenciado tudo e localizado o lugar onde estavam fazendo as obrigações, voltou imediatamente e fez ciente de tudo o seu senhor. Este mandou logo chamar o comissário do lugar, ordenando que fosse com alguns soldados terminar aquela reunião que estavam fazendo dentro da sua roça e prendesse o responsável. Dito e feito. O comissário, acompanhado de alguns soldados e guiado pelo escravo espião, deixou chegar a noite e se encaminhou para o referido lugar onde estava tio Ajayí, com seus irmãos e colegas, fazendo suas obrigações.

Quando estavam quase perto do lugar, um dos vigias que tio Ajayí tinha colocado no caminho avistou a caravana e avisou para um outro que estava mais perto do terreiro. Assim foram passando o aviso até quando o último avisou assim para tio Ajayí:

– TIO AJAYÍ SOLDADEVEM.

Tio Ajayí respondendo disse:

– JAKURIMÃ JAKURIMÃ.

Daí todo mundo foi se arrumando, apanhando tudo o que podiam carregar e fugiram do lugar. Quando o comissário e seus soldados chegaram no lugar não encontraram pessoa nenhuma. Mesmo assim não desistiram da perseguição.

Quando eles foram avistados novamente por um dos vigias de tio Ajayí, esse disse assim mais uma vez:

– Tio Ajayí soldadevem!

Tio Ajayí, fazendo sinal para toda a sua gente lhe acompanhar, respondeu:

– Entra in beco sai in bêco.

Todos responderam:

– Tio Ajayí toca bando qui eu vai cumpanhando!

E assim tio Ajayí foi-se distanciando do comissário e de seus soldados. O comissário já cansado desistiu da perseguição a tio Ajayí com toda a sua gente. Tio Ajayí a esta altura já estava num pé de uma ladeira bem comprida e difícil de subir. Mas para fugir dos soldados e ter certeza de que não estavam mais lhe acompanhando, animou o pessoal subindo a ladeira e cantando assim:

Solo: Quando eu sòbi ni ladêra.

Coro: Eu cai eu dirúba.

Quando o pessoal viu tio Ajayí cantando e subindo a ladeira aos trancos e barrancos resolveu fazer o mesmo. Assim chegaram ao topo da ladeira, onde tio Ajayí fez sinal para todos se sentar, a fim de descansar um pouco, e cantou assim:

Solo: Ekú jokô!

Coro: Tabará tabará!

tintin jaká.

Solo: Ekú jokô.

Coro: Tabará tabará etc.

Quando terminaram de cantar essa cantiga, e que tio Ajayí ia recomeçar a jornada, um carneiro deu um berro, e uma criancinha se assustou e desatou a chorar. Tio Ajayí, que prestava atenção e reparava tudo, aproveitou aquele momento e cantou:

Solo: Ocanêro berô.

Todo seu pessoal em coro respondeu:

Coro: Béréré...

Solo: O minino xorô.

Coro: Béréré...

Depois de tudo isso, tio Ajayí, se despedindo de todos os irmãos e colegas, disse:

– Meus irmãos, de agora por diante estamos livres, não só dos soldados que nos perseguiam como também dos nossos senhores e do cativeiro que nos era dado. OLORUM ATI AWON ARIXÁ BÁ FÉ AWON GBÔGBÔ (Deus e todos os Orixás abençoem a todos).

A VIAGEM DOS BABALAWO

Na história contam que há muitos anos passados existiram dois *babalawo* (pai do mistério) que eram muito conhecidos e respeitados naquela época. Um dia eles resolveram ir pra uma floresta arranjar algumas coisas pra usar nos seus trabalhos. Um deles, que era o mais novo, antes de sair pra se encontrar com o outro *babalawo* seu amigo, resolveu consultar seu orixá pra saber se tinha alguma coisa a fazer antes de empreender a viagem. Depois que ele jogou os búzios, ficou sabendo que ele ia sofrer uma grande traição de morte. Era preciso que ele despachasse um ebó (sacrifício) dentro do mar, usando várias espécies de comidas, bebidas e dinheiro, ou seja, búzios da costa.

Assim ele fez. Despachou o referido ebó, e no outro dia foi procurar o amigo para marcarem a viagem. O outro *babalawo* recebeu ele muito alegre e marcou logo a partida para no outro dia pela manhã bem cedinho, antes do sol sair, já com um mau pensamento traçado pra sua vingança oculta. Na hora da viagem eles se dirigiram pra dentro de uma canoa com as bagagens correspondentes.

Em um dado momento o *babalawo* vingativo, aproveitando a distração dos canoeiros, empurrou o camarada dentro do mar, com a equipagem e tudo e se pôs a gritar:

– Caiu n'água o meu companheiro de viagem... – Pra se fazer de inocente.

Os canoeiros fizeram todo o possível pra salvar o homem que caiu no mar. Não conseguindo, resolveram voltar, desistindo da viagem.

Por coincidência, ou de acordo com o dedo da Providência Divina, que não dorme, o *babalawo*, tendo feito o ebó antes da viagem, foi completamente salvo pelas conchas e mariscos que o levaram, juntamente com todos os seus haveres, para a beira da praia.

Quando os canoeiros chegaram de volta, foi grande o espanto deles por verem o homem que tinha caído no mar com equipagem e tudo em perfeito estado se encaminhar para falar com o outro seu amigo. Quando este o reconheceu, e pensou no que tinha feito, teve uma espécie de ataque, caiu dentro d'água na beira da praia, morrendo imediatamente.

O RISCO DA MORTE

Até hoje os crioulos contam que há muitos anos passados, quando ainda existia a famosa aldeia de africanos na Ilha de Itaparica, um tio por nome Marcos fez um trabalho para mal de uma moça. Esta moça sofria horrores. Não havia nada e nem qualidade de remédios que lhe dessem alívio. Os parentes, já cansados e desiludidos, procuraram a casa de um outro tio pra fazerem uma consulta. Depois que o tio botou a mesa, disse pra eles:

– Mê fí, trabaio qui fizéro pra moça foi mui bem-feito. Num tem jeito não. In todo caso, eu vai chamô dois rirmão meu e vamos riuní in casa cum mai amigo meu pra vê qui se pode fazê por esse moça.

Os parentes da moça voltaram pra casa muito tristes.

O tio imediatamente convidou os dois irmãos, e mais alguns tios da Bahia, e também ao tal tio Marcos, que aceitou o convite. Foram todos juntos pra casa da moça, a fim de ver se com a reunião que iam fazer podia surgir alguma intuição ou coisa que valesse pra botar a moça boa.

Os tios se reuniram e fizeram tudo o que foi possível dentro do conhecimento deles. E nada deu certo. A moça continuava cada vez pior. Quando os tios viram que de jeito nenhum podiam dar a salvação da moça, desistiram.

Saíram e, em frente à casa, na beira da praia perto do mar, um dos tios mais velhos, conhecedor da magia, desconfiando que aquele trabalho só podia ter sido feito por um daqueles que estavam ali reunidos, procurou saber quem tinha feito o trabalho.

Todos se negaram. O tio, vendo que ninguém se manifestava, e não sabendo diretamente quem tinha sido o autor daquela malvadeza, apelou para o seu grande conhecimento. Fazendo um risco na areia, disse:

– Moça vai morê; mai seja lá que foi qui fez esse grande prevecidade pra pobre moça de hoje a sete dia vai morê também, aqui ni praia pra todo mundo vê.

Quando o tio acabou de dizer essas palavras, o tio Marcos, que estava presente e conhecedor do assunto, se ajoelhou nos pés do velho tio pedindo clemência. O tio disse:

– O qui tá feito num tá pô se fazê. Eu riscou. Num pode mai diriscá. Ocê vai morê mêmo, minha parente.

E assim foi. Sete dias depois, conforme foi premeditado pelo velho tio, o Marcos apareceu morto na praia.

Todo mundo, depois que ficou sabendo do ocorrido, sempre dizia quando se lembrava do caso:

– É sempre assim, quem com ferro fere com ele mesmo é ferido.

O NEGUINHO OGUNDEYÍ

Era uma vez um neguinho chamado Ogun-deyí, filho de uma tia africana muito pobre. Morava numa casinha de taipa, com as portas e janelas feitas de taquaras pintadinhas de verde, com alguns pés de árvores pela frente que a natureza lhe favorecera. Só no lado do fundo, tinha plantado algumas coisas que podiam ser aproveitadas para alimentação deles. Esse neguinho era muito vivo, brincalhão, porém só se preocupava bastante com a situação dele e da sua pobre mãezinha.

Certa manhã, esse neguinho entendeu de sair da sua casa a fim de encontrar melhoras. E assim fez. Mas quando chegou perto da primeira encruzilhada para chegar na beira do mar onde faziam a feira, encontrou com um senhor espancando um cachorro. O neguinho ficou bastante constrangido por ver aquilo e disse para o dono do cachorro:

– Se o senhor não quer mais ele, dê pra mim.

O homem estava tão indignado que atirou com o cachorro sobre o neguinho, dizendo:

– Toma, leva esse ordinário, seu fedelho.

O neguinho quis amparar a queda do cachorro, porém não aguentou com o tombo, caindo os dois por terra.

O dono do cachorro, com uma grande gargalhada, deixou os dois caídos no chão e desapareceu. Enquanto o neguinho se arrumava pra levantar do chão, o cachorro começou a fazer um bocado de novidades. Todas as pessoas que iam passando jogavam dinheiro no lugar onde o neguinho ainda se encontrava limpando a sua roupinha. Quando ele reparou bem o que estava acontecendo, ficou muito contente e disse:

– Bem, minha mãe diz que se deve fazer o bem sem olhar a quem. Mas como é que eu vou poder carregar tanto dinheiro?

Nisso o cachorro saiu numa disparada louca e quando voltou foi trazendo entre os dentes um cesto de palha onde o neguinho colocou todo o dinheiro.

A essa altura o neguinho já chamava o cachorro por Togunlaxé, e ele atendia carinhosamente.

O neguinho se levantou, chamou Togunlaxé, e foram dar uma volta pela feira. Quando chegaram na feira, passando por um açougue, Togunlaxé deu sinal de que queria alguma coisa. O neguinho entendeu e comprou logo um quilo de carne. Cortou aos pedaços e deu pra ele comer, se sentando ao lado esperando que terminasse de comer para irem embora pra casa. Todos que passavam admiravam o neguinho com o cachorro e iam jogando dinheiro lá para os pés do neguinho, que de boca aberta ia apanhando e jogando dentro do cesto. Quando Togunlaxé terminou de comer, o neguinho saiu. Mais adiante comprou algumas coisas de comer, roupas e sapatos pra ele e sua mãezinha. Também comprou uma bola para jogar com Togunlaxé e uma corda pra fazer uma gangorra. Depois de ter comprado tudo, que ia saindo da feira pra sua casa, ouviu uns gritos. Quando ele olhou para o lado do mar, viu uma pessoa se debatendo dentro d'água. Mais que depressa ele pegou a corda, deu uma ponta a Togunlaxé e mandou que fosse levar lá dentro d'água para aquela pessoa que estava pedindo socorro. O cachorro foi levar a corda para a pessoa que estava se afogando.

Foi aglomerando um mucado de gente que ajudou a puxar a pessoa para a terra. Agora, depois da pessoa ser salva eu pergunto:

– E quem era essa pessoa? Não se lembra? Não é possível... Pois bem, essa pessoa foi aquele homem que o neguinho encontrou espancando o cachorro.

Depois que o homem recobrou os sentidos e que ouviu os comentários, resolveu pedir desculpas ao neguinho, perdão a Togunlaxé e se comprometeu de fazer tudo o que fosse preciso por eles.

O neguinho agradeceu, dizendo estar com pressa, muita pressa, pois alguém o esperava. O homem procurou saber quem era esse alguém. O neguinho respondeu:

– É a minha mãezinha.

O homem, ouvindo essas palavras, fez questão de acompanhar o neguinho até sua casa a fim de conhecer ela.

Quando o garoto chegou em casa sua mãezinha já estava preocupada pela demora. Ogundeyí ia passar a explicar tudo a ela, porém o homem não lhe deu tempo, porque foi logo se apresentando e narrando tudo o que tinha acontecido.

Para terminar ele procurou recompensar o neguinho, casando com a sua mãezinha, adotando Ogundeyí como seu filho, e nunca mais até hoje ele tocou as mãos em Togunlaxé.

O DESCRENTE DA ENCARNAÇÃO

Na Ilha de Itaparica, até hoje, os mais velhos contam uma estória que aconteceu há muitos anos passados, depois de terem criado um lugarejozinho por nome Encarnação. Existia lá, do lado de Salinas das Margaridas, confrontando a referida ilha pelo lado da Fonte da Bica, estando já povoado e com uma igrejinha pertencente a Nossa Senhora da Encarnação que era a padroeira, a quem todos daquela época adoravam.

Entre as pessoas do lugar, em uma casa um pouco retirada, morava um homem que era muito descrente. Falava muitas heresias, a ponto de dizer que um dia ele ia dentro da igreja pra falar tudo aquilo que ele dizia. E que falaria diretamente pra aquele pedaço de pau que tinha lá no altar e que todo mundo ficava chamando de Senhora da Encarnação, fazedeira de milagres. Pois queria ver o que aconteceria e qual o milagre que ela ia fazer pra ele. A maior parte das pessoas que moravam naquele lugar e que conheciam esse homem davam muitos conselhos procurando tirar aquela ideia da cabeça dele. Porém não havia jeito. O homem era mesmo duro de crer.

Daí a certo tempo foi chegando o dia da festa de Nossa Senhora da Encarnação. Amanheceu o dia com muita alegria. Pela madrugada fizeram uma grande alvorada com muitas bombas e foguetes. Os romeiros, arrodeando a igreja, cantavam com muito entusiasmo hinos em louvor a Nossa Senhora. Quando deu oito horas a igreja já estava cheia, de uma tamanha forma que não cabia mais nem uma cabeça de alfinete. Tocaram os sinos anunciando que já ia começar a missa. Quase todas as pessoas que estavam dentro da igreja comungaram, tomando Nosso Senhor. Depois que terminou a missa, o padre desceu do altar e se encaminhou para a sacristia a fim de trocar de roupa. Trocou toda aquela indumentária por uma sobrepeliz para fazer os batizados e casamentos de várias pessoas que deixaram pra aquele dia.

Quando o padre terminou aquela grande tarefa, batizando uma criancinha, indo pra sacristia, foi justamente a hora que chegou na igreja o dito homem descrente. Se encaminhou para o meio da igreja, bem em frente do altar de Nossa Senhora, e foi dizendo que ali estava pra ver qual o milagre que ela ia fazer pra ele. Disse também um bocado de asneiras que devido eu ser meio cristão deixo de mencionar. O povo ficou horrorizado. Uns rezavam e outros procuravam abandonar a igreja, para não verem nem ouvirem toda aquela blasfêmia.

Quando menos esperavam, bastante alarmados, viram que a terra se abria em volta do homem e ele ia se enterrando lentamente sem poder sair do lugar. Muitas pessoas, com pena do infeliz, pediam e imploravam a Nossa Senhora. Outras, puxavam, esticavam e nada de conseguirem tirar o homem de dentro do buraco. Cada vez mais ele ia se enterrando um pouco. Quando viram que de forma nenhuma conseguiam tirar o homem de dentro do buraco, e nem evitar que ele fosse enterrado, foram chamar o padre.

A esta altura, o descrente, conhecendo o poder de Nossa Senhora e vendo bem os milagres que ela era capaz de fazer, já estava arrependido. Chorava mesmo que uma criança pedindo perdão. Só vocês lá de perto para ver. O padre chegou, encontrando o descrente enterrado até o umbigo. Caindo de joelhos no chão, o padre rezou pedindo a Nossa Senhora o perdão para aquele filho que pecou e arrependido estava implorando a ela a sua salvação. Depois deu a mão ao descrente, julgando que ia conseguir tirar ele do buraco. Tudo foi engano. Puxa daqui e puxa dali e nada conseguiu. O descrente continuava enterrado bem no meio da igreja até o umbigo.

Já não sabiam mais o que fazer para salvar o homem daquela situação, foi quando uma criança correu para o lugar onde estava o descrente enterrado, estendendo as mãozinhas para ele. Segurando as duas mãozinhas da criança, ele disse:

– Em nome de Nossa Senhora da Encarnação, me salve, me tire desse buraco.

A criança, suspendendo as mãozinhas, com a maior facilidade tirou o descrente de dentro do buraco. Imediatamente ele correu e se ajoelhou no confessionário à espera do padre para se confessar. Depois de feito tudo que o padre mandou e de ter se comungado, foi embora pra casa cabisbaixo, sem olhar e nem falar com pessoa alguma. Tornou-se desse dia por diante uma das pessoas mais crentes e religiosas de Encarnação. Nesse lugar, até hoje, adoram e veneram Nossa Senhora da Encarnação e existe, para quem quiser ver, o buraco que ainda se conserva aberto.

Nunca se deve bulir com quem não se conhece, porque alguma coisa sempre acontece.

A ABELHUDA

Há muito tempo passado existiu, em uma vila perto de uma das cidades do Recôncavo da Bahia, uma criatura que quando chegava a noite botava os filhos para dormir, apagava as luzes todas da casa e ia ficar abelhudando a vida dos outros pelas gretas da janela. Um dia ela estava espiando pela janela, quando sem esperar ouviu uma voz dizer:

– Que moça bonita!

Ela olhou para o lado de onde vinha a voz e viu uma pessoa que lhe entregou um embrulho dizendo:

– Guarda este embrulho. Quando eu voltar, venho fazer a procuração por outra forma.

Logo quando a pessoa desapareceu, a criatura abelhuda, mais que depressa, se levantou de onde estava e foi para o quarto a fim de abelhudar o que tinha dentro do embrulho.

Quando ela abriu o embrulho se deparou com um osso de canela de gente e no mesmo instante ficou muda. Daí ela foi à igreja e pediu ao padre bispo, por meio de gestos, que rezasse um ofício pra Nossa Senhora das Candeias.

O padre, já sabendo do vício que ela tinha, rezou o ofício pra Nossa Senhora e depois aconselhou a abelhuda para deixar aquele mau costume, senão ela não ia ficar boa, não ia poder trabalhar nem dar comida a seus filhos.

Ela voltou pra casa. No caminho encontrou com um conhecido, que notando o estado em que ela se encontrava lhe aconselhou que ela fosse na Vera Cruz ver o tio que se chamava Folô Dois Tigres, que quando se zangava jogava areia pra cima e cuspia. Porque só este homem podia dar a saúde dela.

Dito e feito. Logo no outro dia ela foi à casa do Tio Folô. O tio fez a consulta aos seus orixás, deu o remédio preciso e ela ficou boa.

Antes de ir embora, o tio disse pra ela que o trabalho feito não era bastante e que tudo mais só dependia dela mesma. Bastava ela deixar de querer ficar abelhudando tudo, pra ficar completamente boa. E se de forma nenhuma ela pudesse se controlar, que não recebesse presente da mão de pessoa alguma. Do contrário ela ia morrer, deixando seus filhos abandonados, sem encontrar ninguém pra criar e guiar no bom caminho da vida. Ela agradeceu ao tio e foi pra casa.

Levou uns dez dias mais ou menos sem espiar pelas gretas da janela. Um belo dia ela disse:

– Eu já estou boa. Aquele tio estava me metendo medo. Hoje vou espiar o que está acontecendo pela rua.

Quando deu dez horas da noite ela já estava sentada junto à janela espiando pelas gretas. Quando deu meia-noite em ponto, no sino da capela que tinha no lugar, chegou uma pessoa na janela onde estava a abelhuda, jogou um embrulho no colo dela e disse:

– Tome mais este embrulho que eu trouxe pra você guardar.

Ela, esquecendo tudo que o tio tinha falado, tomou o embrulho e logo em seguida abriu pra ver o que era. Foi quando ela se deparou com um bocado de velas. Se assustou de uma tamanha forma que caiu ali mesmo morta, no chão.

Quando o dia amanheceu que os meninos acordaram e viram sua mãezinha estirada, morta no chão, foi um alarido danado. Acudiram todos da vizinhança. Quando chegaram e tiveram conhecimento do que tinha havido, cada pessoa deu um tanto em dinheiro e fizeram o enterro da abelhuda, que por causa daquele grande vício que tinha deixou ficar seis filhos abandonados conforme premeditou o Tio Folô.

É como diz o velho adágio: quem muito quer ver, pouco enxerga.

TINÔ E O TATO

Em uma vila no interior da Bahia, denominada Coqueiral, existiam dois camaradas que gostavam e eram costumados a caçarem juntos. Um chamava-se Tinô e o outro Antônio. Antônio era mais conhecido na vila por Tato, devido pegar na fala. Já tinha muito tempo que eles não caçavam juntos e um dia de sábado Tinô, depois de ter tomado umas pingas, foi procurar Antônio, o Tato, a fim de acertarem para no outro dia irem dar uma caçada. O Tato disse:

— TINÔ, MÊ TOLATAN TA TITENO QUI TENTE NÔ TÉTE TATÁ TANHÃ NÃ (Tinô, meu coração está dizendo que a gente não deve caçar amanhã não).

Porém Tinô tirou ele de cabeça e conformou-o. Antônio resolveu ir à caça com ele. No dia seguinte eles se prepararam muito cedinho e rumaram pelo mato adentro. Já tinham andado bastante e nada de verem uma só caça. Vai Antônio e disse:

– TINÔ, MÊ TOLATAN TA TITENO TITÉ TILÓ TOTÁ (Tinô, meu coração está dizendo que é melhor voltar).

Tinô não estava por nada, queria caçar de qualquer jeito e não deu nenhuma atenção ao que Antônio disse, até que por fim ele avistou uma preá e quando a preá pressentiu que estava sendo vista por ele procurou fugir. Tinô ia fazendo o possível para pegar a preá, vigiado por Antônio, que vinha sempre observando e orientando as pegadas.

Quando a preá se viu acossada por Tinô, procurou se esconder dentro de uma grande vala que tinha ali bem pertinho do lugar onde eles estavam. Por cima desta vala tinha um tronco de dendezeiro, que por coincidência caiu em certa ocasião quando houve um grande temporal, ficando a servir de ponte. Tinô, tendo perdido a preá de vista, resolveu atravessar aquela ponte para conseguir matar a preá, a fim de não voltar pra casa de mãos vazias.

Antônio, que era muito observador e precavido, quando viu Tinô se encaminhar para o tronco que estava servindo de ponte, gritou:

— TINÔ, TU TAU É TÔ, TEN TUTIN NO TÉ, TANATÁ NA TON, TITITÁ NO TAU, O TAU TÉ (Tinô, o pau é torto, tem cupim no pé, gravatá na ponta, se pisar no pau o pau quebra).

Tinô, não ouvindo mais uma vez ao que Antônio disse, se encaminhou para a ponte. Depois de ter dado umas duas passadas sobre o tronco do dendezeiro, e devido estar este bastante estragado, conforme premeditou Antônio, o tronco lascou jogando Tinô todo arrebentado, sem vida, lá no fundo da vala.

Antônio, bastante pesaroso por ter perdido o amigo, olhando para o fundo da vala e fazendo suas orações, disse:

— TEN TINTANTANIN TITITIA TÊ TITÉ TUNA TINATA TI TÉTE TOTÁ TONTEU (Bem minha mãe me dizia que até de uma criança se deve tomar conselho).

Daí, Antônio voltou para a vila, avisou os parentes de Tinô a fim de apanharem o corpo para fazer o enterro.

A IDIOTA

Uma vez um rapaz, por nome Ambrósio, namorou uma moça, se noivou e marcou a data do casamento. Na véspera desse dia foram chegando alguns convidados que moravam mais distantes e começaram a bater papo. Nessa altura já se encontrava depositada em um dos quartos da casa uma pipa enorme, cheia de vinho para a festa do casamento. O noivo, para alegrar mais os convidados, ordenou para a noiva que servisse umas taças de vinho. Ela atendeu e se dirigiu para o quarto onde estava a pipa, abriu a torneira, botou a vasilha para aparar o vinho, e ficou meditando consigo mesma:

– Eu vou me casar amanhã, e quando eu tiver um filho qual será o nome que eu vou botar?

A vasilha já estava cheia e o vinho já estava alagando o quarto. A mãe dela, vendo a demora, resolveu ir ver o que estava acontecendo, e encontrando a filha parada no meio do quarto, perguntou:

– Por que está assim, minha filha?

Ela respondeu que estava meditando qual o nome que ia botar no filho quando nascesse, desde quando aquele dia já era a véspera do casamento. A velha disse:

– Sim mesmo, minha filha, vamos ver qual é o nome.

E o vinho está continuando a derramar, alagando tudo. O velho, vendo a demora delas, se dirigiu também para o quarto e vendo elas estáticas, paradas no meio do quarto, perguntou:

– Por que vocês estão aí paradas desse jeito?

– Nós estamos meditando que hoje é a véspera do casamento e não sabemos qual é o nome que vamos botar no bebê quando nascer.

O velho disse:

– É mesmo, é uma boa ideia. Qual será mesmo o nome que devemos botar no bebê?

E o vinho está continuando a derramar, alagando toda a casa, até que chegou na sala de visitas.

O noivo e os convidados se espantaram. O rapaz alucinado se dirigiu para o quarto e encontrando os três em reunião, perguntou:

– O que há com vocês?

Responderam:

– É que hoje é a véspera do casamento e estamos pensando e procurando saber qual é o nome que vamos botar no bebê quando nascer.

O rapaz disse:

– É muito cedo pra pensar nisso. Olha aí, o vinho já alagou a casa toda.

Quando olharam para a pipa já não tinha mais vinho.

O noivo disse consigo mesmo: "Essa gente toda é maluca e eu vou me sair dessa".

À noite ele tomou destino dizendo:

– Vou sair por aí que vou me encontrar com algumas pessoas, e entre essas se tiver uma mais idiota do que minha noiva e a sua família, eu volto pra me casar.

Depois de vários dias de viagem, ele foi passando por uma grande fazenda, quando ouviu uma senhora lhe chamar. Ele voltou e, quando foi chegando bem perto, ela perguntou:

– Meu sinhô, o sinhô veiu do céu?

Ele sem demora respondeu:

– Vim, sim, minha senhora.

– O senhor viu meu marido?

– Vi, sim, minha senhora, e ele está em uma situação de fazer pena, sem dinheiro, sem roupa, sem chapéu, e para saber melhor, ele está na peinha.

Ela disse:

– Ele quando estava aqui não lhe faltava nada, tinha tudo com fartura. – E começou a chorar. – Espere um pouco porque vou mandar o senhor levar umas coisas para ele.

O rapaz ficou esperando. Ela apanhou um balaio, chegou na arca, encheu de dinheiro, apanhou um chapéu que o velho comprou antes de morrer, umas roupas e entregou ao rapaz dizendo:

– Entregue tudo isso a ele e diga que quando esse dinheiro acabar, que ele mande buscar mais, porque nós somos muito ricos e eu não admito que ele passe tanta miséria como vem passando.

Daí o rapaz voltou imediatamente e se casou com a noiva conforme tinha prometido voltar, se encontrasse uma pessoa mais idiota do que ela.

O EQUÍVOCO

Em uma das cidadezinhas do interior da Bahia, antigamente, não usavam espelhos. Existiam também muitas pessoas de várias famílias que nasciam e morriam nesse lugar sem conhecerem a capital do Estado onde moravam.

Na casa de uma dessas famílias existia uma moça muito bem prendada e muito bonita que se enamorou de um rapaz bem andado que conhecia a capital. Nessa cidade o namoro era coisa muito séria, pra casar mesmo no duro. Zeca ficou noivo e sem perda de tempo se casou. Depois do casamento ele pensou em dar um precioso presente a sua querida mulher.

Um certo dia, ele estava passeando pela cidade e viu na vitrine de uma loja uns espelhos e disse consigo: "Que bom, já encontrei o presente que devo dar pra minha mulher. Ela, nem ninguém daquele lugar, nunca se espelhou e nem conhece o que é um espelho. Vou comprar um desses, e quando chegar em casa vou guardar na mala, pra dar uma surpresa a ela".

Dito e feito. Logo quando ele chegou em casa, levando o espelho escondido, colocou dentro da mala sem que pessoa nenhuma visse. Saiu logo para ir percorrer a roça, porque estava há muitos dias viajando, e podia ter algumas formigas cortando as plantações. Quando ele saiu, ela foi abrir a mala para ver o que ele tinha trazido de bom da cidade. Foi quando se deparou com um embrulhinho, tirou o papel, e quando olhou viu uma bonita mulher no espelho, que era ela mesma. Se espantou e disse:

– Onde Zeca encontrou este retrato? Só pode ser alguma mulher da cidade que ele arranjou. Já sei que estou abandonada – e começou a chorar.

Nisso, ela chamou um garoto e pediu pra chamar a mãe dela, que morava ali por perto, em uma outra rua. Quando esta chegou, ela foi logo dizendo:

– Minha mãe, estou no inferno em vida!

A mãe aterrorizada perguntou:

– Por que você diz isso, minha filha?

– Porque Zeca arrumou uma bonita mulher na cidade e ainda trouxe o retrato dela aqui para dentro de casa.

A velha, então, pediu pra ver o retrato da sujeita relaxada, tomadeira do marido dos outros, e quando tomou o espelho disse:

– Menina, tu tá maluca? Tu não tá vendo que teu marido não vai deixar de te querer pra querer esta sujeita com a cara cheia de pelanca desse jeito?

A filha, bastante contrariada, disse pra mãe dela:

– A senhora é que não está enxergando bem, porque a moça que eu vi aí é uma formosura.

Nesse momento vai chegando Zeca, encontrando aquela confusão danada com choro, nomes indecentes, o diacho, e perguntou:

– O que é isso, minha gente?

A mulher dele, que estava alucinada, foi dizendo:

– O que é isso, seu cachorro? – E arrumou o espelho na cara dele.

Aí o peixe comeu, e virou pé com cabeça dentro de casa, até que umas pessoas da cidade, que iam passando, ouvindo aquele alarido, tomaram conhecimento do que estava acontecendo naquela casa. Procuraram explicar à sogra e à mulher de Zeca o que foi que elas viram quando olharam para o espelho, apaziguando assim todas as contrariedades.

Daí, elas pediram muitas desculpas e foram cuidar do Zeca, coitado, que tinha levado a pior com a brincadeira.

O BEIRA-MAR

Uma vez, em um lugarejozinho da Bahia por nome Mataripe, aconteceu o seguinte.

Há quinze anos passados, ou seja, desde o começo da refinaria, que um senhor conhecido por Beira-Mar nela trabalhava, e tinha uma devoção com São Cosme e Damião (Dois-Dois). Todo ano ele mandava que as pessoas de sua casa saíssem com São Cosme e Damião para pedir esmolas. Logo depois de ter angariado as esmolas, ele mandava celebrar missa e fazia festa com um grande caruru para a garotada.

Desta feita, quando chegou mais ou menos perto do dia que deviam sair com Cosme e Damião para pedir esmolas, Beira-Mar foi avisado de que ia ser cortado do serviço. Imediatamente ele fez suas preces invocando Cosme e Damião. Mandou que saíssem com eles para pedirem as esmolas como era de costume, a fim de poder fazer logo o caruru e ver sua situação amenizada com referência ao seu emprego na refinaria.

Quando voltaram com Cosme e Damião, só trouxeram por esmolas dois mil réis e um ovo de galinha. Beira-Mar vinha chegando do trabalho, aborrecido por ter de perder o serviço, sem dinheiro, e com o resultado da volta de Cosme e Damião ficou indignado por não poder fazer o caruru conforme desejava e era acostumado. Depois, quando ficou mais calmo, pegou o ovo, cozinhou, comeu, em seguida apanhou os dois mil réis, foi a uma quitanda perto da casa, tomou um pileque e comprou um foguete. Quando Beira-Mar voltou pra casa, pegou Cosme e Damião, amarrou os dois pelo pescoço na flexa do foguete e tocou fogo dizendo:

– Sobe, lugar de santo é lá no céu.

No dia seguinte, quando Beira-Mar chegou na refinaria, foi convidado a ir à presença do diretor, que ao vê-lo foi logo entregando uma carta endereçada ao chefe da repartição. Este, ao receber a carta, imediatamente o readmitiu no serviço, levando-o à presença do tesoureiro a fim de legalizar a sua situação.

Beira-Mar, assim que saiu da refinaria, foi correndo trocar outro São Cosme e São Damião, fez uma grande festa com o caruru da garotada, conforme ele era acostumado, e até hoje continua com a sua devoção. Para as crianças não existem contrariedades, tudo é brincadeira, e elas retribuem sempre com um sorriso de alegria.

ALAWÔ, O ENDIABRADO

A mãe de Obê negociava com acarajé. Um dia ela chamou Obê e disse:

– Vá na feira e compre três quilos de feijão-fradinho. Quando você voltar vai ganhar um presente.

Vai Obê e diz:

– Deixa eu ir junto com Alawô, mamãe?

– Não, meu filho. Alawô é um menino mau, endiabrado, e pode judiar você no caminho.

– Deixa eu ir com ele, mamãe, Alawô me quer muito bem e não vai me fazer nenhum mal.

– Você é muito pequeno para andar com ele...

Mas Obê insistiu tanto que sua mãe lhe disse:

– Pois vá, mas depois não me venha com queixas.

A feira não ficava muito longe, mas para chegar até lá tinha que passar por lugares muito escuros, na estrada perto de uma mata cerrada. Obê se encontrou com Alawô, e lá se foi tremendo de medo, se fazendo de forte. De volta da feira, de um daqueles lugares escuros da estrada, ouviram, à distância, uns gritos agudos parecidos com miados.

– Que é isso, Alawô? – perguntou Obê.

– O que pode ser? – respondeu Alawô. – Arrume-se como puder.

E passou a correr desesperadamente até quando Obê viu ele desaparecer lá na curva da estrada, e sentiu-se sozinho no meio daquela escuridão. Estava exausto... com as pernas bambas. Quando chegou na curva, ouviu um ruído forte entre as moitas de um lado da estrada e ficando apavorado soltou um grito.

O que seria? Era Alawô, o endiabrado. Ele tinha se escondido para pregar aquele susto a Obê, e apareceu rindo:

– Enganei o bobo com uma casca de ovo! Quiá! Quiá! Quiá!

– E que miados foram aqueles?

– Que miados, que nada. Aquilo foram gritos de um pavão.

– Como você sabe ser mau, Alawô! – disse Obê indignado. – Bem dizia minha mãe, bem ela não queria que eu viesse à feira com você.

Bem dizem: quem não ouve sossegue, ouve coitado. Desse dia por diante, nunca mais Obê quis saber de camaradagem com o endiabrado Alawô.

A INVEJA

Existiu no interior de um lugar chamado Cachoeira um senhor muito pacato e de idade muito avançada, que nunca tinha tido nada que representasse bens.

Um certo dia, ele idealizou que devia roçar uma grande quantidade de terra, pra fazer uma roça e ver se melhorava de situação. Nessa época ele tinha dois filhos que já ajudavam em algumas coisas. Daí então ele começou a roçagem das terras.

Roçou, roçou, até que um dia já tendo trabalhado muito, perto do meio-dia, com o sol bastante quente, ele se sentou debaixo de um arvoredo em um lugar de sombra pra descansar, e em seguida pegar uma farinhazinha.

Quando ele terminou, depois de já ter descansado bastante, chamou os filhos e começou a conversar com eles dizendo dessa forma:

– Estou roçando toda essa terra e vou plantar. Logo na primeira colheita vou comprar um cavalo pra meu filho mais velho, e na segunda vou ver o que posso pra o mais moço.

O filho mais moço, ouvindo essas palavras, ficou com inveja do irmão e procurando um meio qualquer pra se vingar disse:

– Você está pensando que vai ter mais direito do que eu? Pois bem, você está muito enganado. Quando meu pai lhe der o cavalo, eu vou montar e correr, correr, correr até ele cansar e morrer.

O velho, que ainda estava ali por perto, se apavorou dizendo:

– Seu moleque relaxado, eu aqui me acabando pra fazer qualquer coisa de bem pra vocês, somente porque eu disse que ia comprar um cavalo pra teu irmão, você já pensa em destruir. – E com esses termos arremessou a foice que tinha na mão sobre o garoto. Com tudo isso foi grande o sentimento do velho quando viu a foice atingir a nuca do garoto, derrubando ele morto no chão.

Só por causa da inveja, o velho foi condenado a dez anos de prisão, não chegando plantar a roça, não dando nenhum cavalo ao filho mais velho e nem podendo concretizar o seu ideal de possuir bens.

O CAÇADOR E A CAIPORA

Há muitos anos passados, existiu um homem que só vivia no mato caçando. Uma vez ele foi caçar, e não conseguindo trazer nada pra casa, pensou que nunca tinha dado um presente para o mato. Assim foi que ele se comprometeu de levar, todas as vezes que fosse caçar, cachaça, fumo e mel para entregar à Caipora.

Daí por diante ele sempre fazia boas caçadas e vinha tendo bastante lucro. Um certo e determinado dia ele resolveu não levar mais os presentes para a Caipora, conforme tinha se comprometido. Mesmo assim, ele fez uma grande caçada. Nesse dia ele matou muitas pacas, cotias, perdizes, nambus, teiús e coelhos.

Quando estava tratando os frutos da sua caçada e tinha acabado de cair uma chuvinha bem
fina, apareceu um pintinho, todo peladinho.
Foi e ficou na beira do fogo que estava aceso
lá dentro da barraca que o caçador tinha feito
para se recolher quando fosse deitar.

De repente surgiu de dentro da mata um
grito, bastante agudo, chamando uma pessoa
por nome Estevon. O pintinho então levantou
a cabeça, como se estivesse escutando. Torna-
ram a chamar e o pintinho então respondeu
por essa forma:

– Ohi! Homem!

Aí disseram: – Venha cá e traga os outros
com você.

– Ele também?

– Não, deixe ele pra outra vez.

E o pintinho se pôs a chamar todas as ca-
ças que já estavam mortas, uma por uma, menos a que o caçador já tinha destrinchado e
moqueado. Fazendo uma fila enorme, se pôs

na frente e marchou em direção ao lado de onde surgiu o grito chamando por Estevon.

O caçador, quando viu aquela grande cena, com os animais por ele mortos se levantarem e acompanharem o pintinho em fileira para dentro do mato, ficou desolado.

Com muito medo, foi logo se arrumando para sua casa com o que sobrou da grande caçada, e nunca mais, enquanto teve vida, quis saber de ir para o mato caçar.

A COBRA ENCANTADA

Na Ilha de Itaparica, em lugar chamado Vera Cruz, há muitos anos passados existia um poço de água onde morava uma enorme cobra. Essa cobra era uma enorme jiboia que tinha duas fitas amarradas na cabeça. Uma azul de um lado e outra de cor verde do outro. Ela apareceu na Vera Cruz desde quando começaram a construção da igreja.

Logo quando ela apareceu, muitas pessoas com medo, por ser uma bicha muito grande, atiraram nela várias vezes com arma de fogo para matar. Porém as balas não lhe faziam diferença nenhuma, continuando sempre viva.

Quando acontecia cair alguma pessoa boa dentro do tanque, a cobra aparecia, o corpo da pessoa vinha logo à tona e era salvo. Quando era ruim, morria afogada e ficava lá, por baixo d'água, até o dia em que a grande jiboia bem quisesse aparecer, fazendo com que o corpo retornasse, ainda em perfeito estado, na flor da água, de onde era retirado pelos parentes ou pessoas conhecidas. Ela acostumava também tomar conta da Igreja do Senhor da Vera Cruz como se fosse um vigia. Fora do padre, quando acontecia ir algum lugar para celebrar missa nos dias de festa, e do zelador, ninguém mais pegava e nem apanhava coisíssima nenhuma de dentro da igreja, porque ela não deixava.

Uma vez, uma senhora que nunca tinha tido um filho fez promessa e se pegou com tudo quanto foi santo para ter um, nem que fosse ladrão. Depois de nove meses ela teve um filho e batizou com o nome de Apai. Quando esse menino contava com uns quinze anos de idade, começou a fazer camaradagem com um outro menino que se chamava Upedra. Tempos depois, Apai caiu doente. A mãe dele, muito aflita, com medo de perder o filho, que até ali vinha se comportando muito bem e querido por todos do lugar, disse:

– Será que vou perder meu filho? Onde está Deus, será que Ele não ouviu o meu pedido?

Daí, ensinaram a ela que fosse na casa do Babal'Orixá, um tio africano chamado Venceslau, que era um grande olhador a quem todo mundo respeitava. Corria o boato de que ele virava baleia, porque sempre dizia para as pessoas quando saíam da sua casa, principalmente quando eram homens:

– Ôcê mê fio, vai na pai di Deu. Oxum, Emanjá, acompani ôcê. Num isquéci, baleia qui vem in fente ôcê nun mata.

A mãe de Apai foi à casa do tio Venceslau, para ele dizer como podia salvar o garoto. Tio Venceslau, depois de olhar e consultar bem os seus orixás, disse pra ela:

– Ôcê vai in cimitéro leva minino, dêxe êle drumi in cruzêro. Nôtro dia ôcê vai paniá minino, toma cuidado de nun oiá pra trás, num atendê chamado de ninguém sinão ôcê mori, cuntece coisa ruim cum minino.

Ela imediatamente levou o menino e deixou ficar lá no cruzeiro do cemitério, conforme tio

Venceslau mandou. No outro dia, quando ela voltou para apanhar o menino, ouviu uma voz lhe chamar. Aí se esquecendo da ordem do tio Venceslau, olhou para trás. Em seguida acordou o menino e levou para casa. Dias depois ela apareceu doente e morreu. O menino ficou sendo criado por pessoas estranhas, sem pai, sem mãe e nenhuma educação. Assim foi que se tornou um verdadeiro ladrão, conforme ela falou quando fez o pedido para ter um filho. A esta altura Apai e Upedra, já homens feitos, resolveram roubar todos os santos da Igreja do Senhor da Vera Cruz. Eles marcaram um dia, e na hora certa entraram na igreja, apanharam todos os santos, menos São Benedito, que ficava em um dos altares do lado e que tinha sido ali colocado por uma criança. Depois que eles apanharam os santos, e não achando meios de se desfazerem deles, enterraram na praia e resolveram voltar para fazerem a limpa carregando com São Benedito. Porém foi tudo engano. Quando Apai pegou em São Benedito para tirar do altar no lugar onde estava, viu a cobra e nisso ficou seguro. Fez força, bastante força pra ver se conseguia soltar o santo. Quando ele viu que de forma nenhuma conseguia, chamou por seu amigo Upedra, que imediatamente foi lhe dar socorro. Logo que ele tocou na mão que Apai estava segurando São Benedito, ficou também seguro. Nisso chegou o zelador que, bastante penalizado, fazia todo o possível para libertar Apai e Upedra, que continuavam como se estivessem grudados no São Benedito, até quando o padre chegou. Este chegando e vendo aquele horroroso quadro, começou a rezar pedindo a todos que ali estavam para fazerem o mesmo, rogando a Deus e Senhor da Vera Cruz o perdão para aqueles dois pobres rapazes. Logo depois que começaram a reza, Apai e Upedra se libertaram de São Benedito.

Reconhecendo o erro que tinham cometido, foram imediatamente desenterrar os santos que estavam na praia, trazendo pra dentro da igreja e recolocando nos seus devidos lugares.

Em seguida, arrependidos se ajoelharam em frente ao altar de São Benedito, onde tinham visto a cobra, pedindo perdão por tudo o que tinham feito, prometendo nunca mais se apoderarem de coisas alheias sem o consentimento dos seus verdadeiros donos.

Daí, a cobra desapareceu sem ninguém saber para onde foi e eles recomeçaram uma nova vida, vivendo por muitos anos até quando tiveram que dar a alma ao Criador.

A GRANDE VITÓRIA

Dizem que no interior da Bahia, em um lugar chamado São Gonçalo dos Campos, certa vez aconteceu um grande roubo em uma igreja.

Roubaram todos os santos que lá se encontravam, até mesmo São José, uma imagem viva a quem todos tinham verdadeira adoração. Foram vender essas imagens pela quantia de vinte contos de réis a um senhor chamado Coronel Lima, que era um grande fazendeiro do lugar.

O coronel comprou as imagens se lembrando de um de seus grandes amigos.

Chamou dois dos seus escravos e mandou levar as imagens para serem entregues a este seu amigo, que era o padre da freguesia de um lugar chamado Oliveira, onde existia uma grande igreja. Dizem que esta igreja quando foi construída e o padre foi benzer, que o diabo a empurrou com o ombro para derrubar. E fez tanta força, tanta força, que não podendo derrubar, empenou uma das paredes de tal forma que até hoje ainda se observa a igreja um pouco pensa para um lado.

Quando os dois escravos chegaram com as imagens que o Coronel Lima tinha mandado levar para entregar ao padre seu amigo, já encontraram o povoado de Oliveira em alvoroço.

Procuraram saber o que estava acontecendo. Disseram a eles que o povo estava revoltado com o diabo, que por não ter podido derrubar a igreja, tinha incutido na cabeça de homens malfazejos para roubarem todos os santos da igreja.

Daí eles foram procurar o padre. Logo quando o encontraram lhe fizeram a entrega do presente que o Coronel Lima tinha mandado e ficaram aguardando a resposta.

De acordo com o costume daquela época, quando se recebia um presente, este tinha que ser aberto e conferido na presença do portador.

Quando o padre desenrolou os pacotes, se deparou com todos os santos que tinham sido roubados e pertenciam àquela igreja de onde ele era o vigário. Bastante surpreendido, o padre sem saber como mandar agradecer ao compadre, mandou que os escravos agradecessem por ele, e em seguida, virou-se para todos os presentes e gritou em alto e bom som:

– Que o diabo vá se estourar nas profundas do inferno, repiquem os sinos, e vamos festejar a nossa grande vitória. Com os poderes de Deus, nunca havemos de ser vencidos pelos nossos inimigos.

E assim foram repicados os sinos, os escravos voltaram para dar conta do acontecido ao Coronel Lima, e todo o povoado festejou aquele grande dia que até hoje é lembrado e festejado no dia 2 de fevereiro de cada ano.

OKUNRIN–AWÔ

Há muitos anos passados, em uma aldeia lá na África, existiu um rei que teve dois filhos. Esses meninos eram *ibêji* (mabaços).

Naquele tempo a coroa de um rei não podia ser dividida entre duas pessoas. Quando as crianças nasceram a rainha mandou uma delas, por intermédio de uma pessoa de sua confiança, para ser entregue a uma família conhecida em uma aldeia bem distante de onde moravam seus parentes. Assim foi feito. A pessoa carregou a criança escondida de todos do palácio e do rei, que nada sabia do nascimento dos dois meninos. Levou um deles, presentes e dinheiro para entregar a quem fosse cuidar do principezinho. Enquanto isso estava acontecendo, no palácio estavam todos festejando o nascimento do príncipe herdeiro do trono. Os tempos foram passando. Os príncipes foram crescendo, cada qual mais inteligente e muito parecidos. Só havia uma diferença: o que morava no palácio era muito mau e um grosseirão de força maior. O outro era muito humilde e bom demais. Ajudava e cuidava de todos da redondeza onde morava e mesmo das pessoas estranhas que por lá apareciam de vez em quando. Um dia quando ele estava brincando, um velhinho conhecido por Orunmilá, o grande sábio, vinha andando pela rua, tropeçou e caiu. Ele imediatamente largou toda a brincadeira e foi correndo ajudar a levantar o velhinho, levando em seguida até em casa. Orunmilá, muito agradecido, convidou o menino para ir sempre em sua casa, e começou a ensinar a ele um bocado de coisas.

Quando o menino já estava rapaz, já sabia adivinhar por intermédio do oráculo de *Ifá* (o Deus adivinho) e era um dos maiores conhecedores de *Ewê* (folhas).

Orunmilá lhe deu o nome de *Okunrin-awô* (homem conhecedor do mistério), porém todas as pessoas da aldeia só chamavam ele de *Oni-xegum* (doutor), porque todo o mundo que se queixava de qualquer doença ele tinha sempre um remédio para dar e a pessoa ficava completamente curada.

A essa altura dos acontecimentos, já era do conhecimento de todo mundo, de modo geral, que o rei da aldeia mais próxima dali tinha morrido e o príncipe seu filho, que era muito parecido com o doutor Okunrin-awô, estava reinando no seu lugar. Mas o povo estava muito malsatisfeito por saber que tinha de ser governado por uma pessoa tão má como era ele. Muitas pessoas chegavam a dizer:

– Por que os conselheiros não se reúnem, não dão um fim nesse rei, e não colocam no trono aquele doutor da aldeia vizinha, que é tão bom e parecido com ele? Será que eles são irmãos? Deve haver algum mistério dentro de tudo isso.

Conversa vai, conversa vem, chegou ao conhecimento do rei que na aldeia vizinha existia um homem muito bom e parecido com ele, a quem todo mundo queria que viesse reinar em seu lugar. O rei quando soube ficou indignado. Chamando os seus mensageiros mandou convidar Okunrin-awô para vir até o palácio, porque desejava conhecê-lo de perto. A rainha, quando soube o que estava acontecendo, imediatamente mandou a mesma pessoa de sua confiança, que já estava a par de todos os acontecimentos, avisar aos pais adotivos de Okunrin-awô, a fim de que ficassem prevenidos, historiando também tudo o que tinha acontecido com ele desde a hora em que começou a enxergar a luz do dia.

Quando essa pessoa chegou em casa do nosso doutor, ele já tinha recebido o convite do rei e estava se preparando junto com todos para irem à casa de Orunmilá e fazer uma consulta a Ifá, antes de atender o convite do rei. Ela, aproveitando aquele momento em que todos estavam juntos e em nome da rainha, contou a Okunrin-awô toda essa história, que vocês já conhecem, para que ele ficasse sabendo de tudo o que tinha acontecido e procurasse a melhor forma possível de se dar bem com o rei que era seu irmão. Depois que Okunrin-awô ficou sabendo de toda a história, recebeu das mãos dela um adereço e um anel que era a sua identidade por ser filho real. Depois se encaminhou, junto com todos que ali estavam, pra casa do seu mestre e conselheiro Orunmilá, para saber o que fazer a fim de poder enfrentar todos os obstáculos sem ser identificado como irmão do rei. Orunmilá procurou saber de Ifá se era preciso fazer algum trabalho para evitar qualquer coisa de mal. Ifá, respondendo, disse:

– O rei está muito aborrecido com as coisas que tem sabido a seu respeito. Quer lhe conhecer pessoalmente para tirar suas dúvidas e conclusões sobre a aparência. Porém antes de ir ao palácio do rei você tem que ver um balaio grande, uma jaca, uma galinha, um bode, preás, peixes, cordas, obis, orobô, ataré, owô-eiyó e fazer um grande ebó (sacrifício) entregando a Exu e Ogum, em um lugar do mato, nas imediações do palácio do rei, para que você possa sair vitorioso, vencendo o ódio e ciúme que o rei seu irmão vai ter depois que lhe avistar.

Okunrin-awô providenciou todos os animais, ingredientes precisos conforme determinação de Ifá. Juntamente com Orunmilá, seu mestre protetor, independente da família que o criou foram despachar o referido ebó. Quando voltaram, Orunmilá mandou que Okunrin-awô botasse o convite que o rei tinha mandado no Peji (altar) de Ifá e se encomendasse a ele. Em seguida abençoou Okunrin-awô, desejando muita boa sorte dizendo:

– Vai, meu filho, vai visitar o rei, teu irmão, quando bem quiseres e entenderes.

Okunrin-awô saudou Ifá e cumprimentando Orunmilá foi pra casa de seus pais adotivos, que estavam bastante preocupados com aquela situação, receando perder aquele filho tão bom e que eles tanto estimavam. Okunrin-awô chegou em casa muito alegre e encorajando foi dizendo:

– Confiem no Mestre Orunmilá e tenham fé em Ifá, porque tudo vai sair muito bem de acordo com o que ele determinou pra fazer.

No outro dia Okunrin-awô, abençoado por seus pais e todos da aldeia, montou no seu cavalo e rumou para o palácio de seu irmão. Esse cavalo por sinal era o melhor e mais bonito que existia por aquela redondeza. O rei de uma aldeia tinha dado de presente por não ter cobrado o trabalho de curar uma das suas filhas, quando esteve muito mal e desenganada por todos os doutores daquela época.

Quando Okunrin-awô chegou no palácio, foi um alvoroço dos diabos e uma grande confusão. O rei não tinha saído nesse dia, de forma que quando viram o nosso doutor muito bem trajado e montado naquele bonito cavalo, julgaram ser a real majestade que tivesse usado alguma magia pra sair do palácio sem ser visto. E assim todos o receberam como se fosse o verdadeiro rei. Okunrin-awô indiferente a tudo e a todos saltou do seu cavalo e se encaminhou para o palácio. Foi justamente quando o rei, ouvindo todo aquele alarido, foi se levantando para saber o que estava acontecendo lá na rua e caiu sentado na cadeira, ficando estático por ver ele mesmo entrar acompanhado por sua guarda de honra. O mesmo aconteceu aos seus soldados, que ficaram confusos sem saber qual dos dois era o verdadeiro rei. Minutos depois

Okunrin-awô ter entrado, o rei que ainda estava bastante encabulado, pensando como uma pessoa podia parecer tanto com outra sem serem filhos dos mesmos pais, foi despertado com o bater dos calcanhares de Okunrin-awô quando terminou de fazer a sua saudação.

O rei, já fora de todo aquele pesadelo, agradeceu as reverências e mandou que ele se sentasse. Quando ia começar a entabular uma conversa, chegou um mensageiro trazendo uma notícia de que um rei de uma cidade vizinha tinha-lhe declarado guerra, e vinha invadir aquele reinado pra tirar ele do trono e se apoderar da coroa. O rei, que era um grande perverso para os fracos e covarde para os fortes, já pensando na maldade, e olhando para Okunrin-awô, disse para o mensageiro:

– Diga ao rei teu senhor que aceito o desafio, e amanhã ao raiar do sol estarei com os meus valentes soldados no campo de batalha pra dar-lhe combate.

Logo que o mensageiro saiu, o rei indignado e usando a sua perversidade pensou aproveitar a oportunidade para se desfazer de Okunrin-

-awô. Dizendo que por não se sentir bem de saúde e serem muito parecidos, ia confiar a Okunrin-awô aquela grande missão de defender a coroa do rei em seu lugar. Okunrin-awô, que era um homem muito bravo e conhecia todas as táticas de guerra, confiado no que já tinha feito a mando de Ifá, aceitou as ordens, prometendo fazer o que pudesse e fosse possível para defender a coroa do rei.

O rei, bastante satisfeito por ter dado expansão ao seu espírito perverso, logo que Okunrin-awô se retirou, acompanhado por um guarda de honra, para o aposento que já estava reservado para ele, idealizou um plano. Ia mandar Okunrin-awô com alguns de seus soldados menos experientes, pelo caminho principal, julgando ser por onde os inimigos viessem a atacar. Ele, o rei, ficaria para ir depois com todo o resto da tropa, por um caminho todo especial que tinha mandado fazer, por uma ocasião conforme aquela, e pegar os inimigos de surpresa quando estivessem batalhando com os soldados comandados por Okunrin-awô. Assim ele podia se livrar naturalmente do nosso doutor. Resolvido, o rei mandou que fosse executado o plano detalhadamente. A rainha soube de todo o plano do rei por intermédio da sua pessoa de confiança. Acompanhada por ela, na véspera da batalha, sem que pessoa nenhuma a visse, foi até o aposento de Okunrin-awô, pra botar a sua bênção e desejar que ele se saísse bem daquela cilada que o irmão tinha tramado. Okunrin-awô, quando viu a rainha chegar tão pálida e com os olhos rasos d'água, se ajoelhou nos seus pés pedindo a bênção. Dizendo que ela não se preocupasse com o que estava acontecendo, nem tão pouco com o que o rei seu irmão desejava, explicou não haver nada que pudesse transformar o destino deles conforme tinha sido traçado por Olorum (Deus) para a paz, tranquilidade dela e de todos. A rainha abençoou Okunrin-awô e se retirou desejando boa sorte. No outro dia pela manhã bem cedinho, Okunrin-awô, depois de ter se preparado e feito as suas orações a Exu e Ogum, confiado sempre no que Ifá tinha dito por intermédio do seu mestre Orunmilá, assumiu o comando dos guerreiros que lhe foram entregues pelo rei. Depois de ter prestado o seu juramento, se dirigiu para disputar a luta.

O rei contrário também teve a ideia de mandar um pouco dos seus guerreiros pelo caminho principal, indo com a maior força por um atalho que só ele conhecia. Okunrin-awô, devido ter saído muito cedo, chegou no campo antes dos inimigos sem encontrar nada que lhe incomodasse durante a viagem. Depois de um pequeno descanso, ele resolveu prosseguir a viagem para pegar os inimigos de emboscada no meio do caminho. Justamente naquela hora, os guerreiros inimigos tinham chegado perto do campo e estavam descansando, à vontade, esperando a hora que fossem dadas as ordens de combate pelos seus superiores. Foi quando do Okunrin-awô e seus guerreiros pegaram todos eles de surpresa, fazendo prisioneiros sem nenhuma resistência. Okunrin-awô teve a ideia de voltar para o palácio com os prisioneiros. Consultando um dos seus subordinados e amigo, resolveram fazer a volta por um caminho mais curto. Quando eles já tinham mais ou menos uma hora de viagem e estavam bem pertinho de uma grande planície, ouviram uma trombeta soar um toque de guerra. Okunrin-a-wô tomou todas as precauções. Já com todos os prisioneiros do seu lado prometendo lutar em seu favor, contra quem quer que fosse, deu ordem pra avançar a fim de aniquilar com todos os inimigos. Naquele mesmo instante ouviram soar um outro anunciando vitória. Foi na hora em que um dos inimigos tinha decepado a cabeça do rei irmão de Okunrin-awô, que vindo pelo atalho com a outra parte dos guerreiros foi pego de emboscada pelo inimigo. Okunrin-awô, sem saber do que estava acontecendo, foi chegando com todo o seu pessoal. Avançou e deu com o seu brado de guerreiro combate aos inimigos que apavorados pelo reaparecimento do rei decepado, que eles julgavam morto, correram abandonando o campo da luta. Foi assim que o rei inimigo do seu irmão, se ajoelhando, depositou aos pés de Okunrin-awô todas as suas insígnias, se tornando um de seus servos juntamente com o resto dos guerreiros que escaparam da morte. Depois de tudo isso, Okunrin-awô seguiu para o palácio a fim de dar conta da sua missão e festejar a vitória. Quando Okunrin-awô chegou no palácio foi muito bem recebido, com muitas manifestações e com o povo em massa gritando:

– Viva o rei! Viva Okunrin-awô, o nosso rei, viva!

A rainha, quando avistou Okunrin-awô, já sabedora de tudo o que tinha acontecido por um de seus servos, foi correndo ao seu encontro dizendo:

– Okunrin-awô, meu filho, esqueça todo o seu passado, todos os seus sofrimentos que têm sido todos os meus, e perdoe o espírito do seu irmão. Carregue essa coroa que é sua, só você sabe e pode fazer com que ela clareie a vista dos nossos semelhantes. – As festas continuaram e ninguém se lembrava nem comentava a morte do rei mau.

Depois de todos os festejos terminados, Okunrin-awô, em companhia de sua mãe, saiu do palácio com uma grande caravana para visitar os seus pais adotivos e Orunmilá, levando presentes e oferendas pra agradecer a Ifá por tudo o que tinha feito em seu benefício. Quando Okunrin-awô terminou de fazer as visitas e foi-se despedir de Orunmilá pra voltar ao palácio, esse lhe disse:

Fojusi Babá Ifá uá.
Nitoripê tani fé Olorum kó fé.
O ní Olorum fé.

(Atenda nosso pai Ifá, porque
quem quer o que Deus não quer,
será o que Deus quiser.)

A ALMA DE SATU

Existiu em um lugar denominado Santiago do Iguape, em Cachoeira do Paraguaçu, um homem por nome Satu. Este homem era o maior cortador de lenha dos mangues daquela localidade. Devido sua idade ser muito avançada e o cansaço, ele ficou acamado e tempos depois morreu.

Daí não apareceu quem quisesse ir para os mangues cortar lenha com medo ou por respeito à alma do velho Satu.

João, Maurílio e Clarindo, que eram três camaradas muito unidos, resolveram ir para os mangues cortar lenha e vender aos metros pois era um grande negócio na época. Um dia, quando eles estavam no mangue cortando os paus para fazerem a lenha, Maurílio e Clarindo, reparando o trabalho de João, acharam que ele, devido ao pouco tempo que começara a trabalhar, estava com muita lenha cortada. Então disseram pra João:

– Você hoje está disposto e não está só.

João, que não ligava pra nada e era muito trocista, disse para os colegas:

– Eu também estou abismado e acho que é a alma de Satu que está me ajudando.

Os camaradas não gostando da brincadeira chamaram João à atenção, dizendo que com os mortos não se brincava e que era preciso ele respeitar. João não deu importância para os camaradas e continuou brincando. Devido à maré estar de enchente e ter ficado muito alta no lugar onde eles estavam trabalhando, resolveram ir para casa. Fizeram uma boia e descansaram um pouco até a noite, esperando que a maré abaixasse mais, a fim de poderem apanhar as lenhas já cortadas. À noite, lá por volta das onze horas, eles já estavam trabalhando. Maurílio e Clarindo estavam embarcando as lenhas em uma canoa grande e João estava embarcando em uma outra menor, sozinho e continuando sempre com a brincadeira, dizendo que a alma de Satu estava ajudando a ele. Nisso ele viu um homem na proa da canoa pra fora da beira do mangue, e quando olhou para a cara do homem que tinha embarcado na canoa viu perfeitamente uma caveira. João caiu na água e mergulhou. Quando botou a cabeça fora da água, a canoa estava emborcada, toda a lenha que ele tinha embarcado estava boiando, e o homem tinha desaparecido.

João ficou todo arrepiado e saiu andando por dentro d'água, sem destino até quando ouviu os seus camaradas lhe chamando e gritando por seu nome. Eles notaram que João estava muito calado e tinha parado a brincadeira com a alma de Satu. João não podia responder. Queria gritar para avisar aos camaradas onde estava, porém não achava jeito. Maurílio e Clarindo, estranhando o que estava acontecendo, resolveram procurar João.

Dá daqui, dá dali, até que encontraram João, e foram logo perguntando:

– Por que você veio embora sem avisar a gente?

João respondeu:

– Eu não quero mais embarcar. Eu quero ir embora porque vi um homem morto na canoa em que eu estava.

Os outros pensaram logo em Satu e disseram por uma boca só, com muito medo:

– Nós também vamos embora.

Saíram os três na canoa maior. Quando passaram pelo primeiro porto e que João olhou para a proa da canoa, o homem estava sentado lá novamente. João quando viu o homem se jogou no fundo da canoa. Maurílio e Clarindo, que não estavam vendo nada, ficaram preocupados porque chamavam por João, procuravam saber o que estava acontecendo e ele nada respondia. Quando chegaram no porto final, João se jogou dentro d'água nadando pra terra. Maurílio e Clarindo se cansaram de cha-

144

mar João para esperar por eles. Quanto mais chamavam mais João nadava até que chegando em terra correu direto pra sua casa. Quando foi chegando todo esbaforido bateu na porta. O pai de João, bastante sobressaltado devido a maneira como estavam batendo na porta, veio abrir e quando reconheceu João, procurou saber o que tinha acontecido e onde ele tinha deixado os camaradas. João nada respondia.

Só no outro dia, com o sol bem alto, foi que ele deu cor de si e contou toda essa história ao pai e aos amigos que estavam com ele. Vai o pai de João e diz:

– Meu filho, quem não ouve sossegue, ouve coitado. A alma de Satu veio lhe dar uma lição para você nunca mais fazer pouco e nem desrespeitar os mortos. João juntamente com seus dois camaradas foi apanhar a canoa que deixou ficar no mangue, e nunca mais quis saber de cortar lenha no mangue e nem tão pouco de brincadeira com as almas.

Conecte-se conosco:

- **f** facebook.com/editoravozes
- @editoravozes
- @editora_vozes
- youtube.com/editoravozes
- +55 24 2233-9033

www.vozes.com.br

Conheça nossas lojas:

www.livrariavozes.com.br

Belo Horizonte – Brasília – Campinas – Cuiabá – Curitiba
Fortaleza – Juiz de Fora – Petrópolis – Recife – São Paulo

EDITORA VOZES LTDA.
Rua Frei Luís, 100 – Centro – Cep 25689-900 – Petrópolis, RJ
Tel.: (24) 2233-9000 – E-mail: vendas@vozes.com.br